NAGUI
UN ENFANT DE LA TÉLÉ

Pour vous tenir informé des prochaines publications de Mareuil Éditions, rendez-vous sur : www.mareuil-editions.com

René Chiche

NAGUI
UN ENFANT DE LA TÉLÉ

Mareuil
Éditions

Du même auteur

Le Dico des mégalos, L'Archipel, 2019.
Cyril Hanouna. Le bouffon qui devint roi, L'Archipel, 2017.
Kev Adams. Les secrets d'une LOLstar, Éditions du Moment, 2015.
Enquête sur les mandarins de la médecine, Éditions du Moment, 2013.
Le Guide des métiers de la télé, Éditions Casting, 2003.
Les 120 Entreprises où il fait bon vivre, Éditions Grancher, 1996.
Vies privées. La face cachée des politiques (avec Bertrand Deveaud), Éditions Belfond, 1995.
Avoir des couilles ou pas ! Éloge du culot, Éditions Grancher, 1992.

Parus, chez Mareuil Éditions :

Passeurs de disques, Ersin Leibowitch, 2015.
Alive, Patrick Hernandez, 2016.
Charlotte Gainsbourg, l'exquise esquisse, Fabrice Bellengier, 2017.
Michael Jackson, 40 ans de règne du roi de la pop, Fabrice Bellengier, 2019.
Une brève histoire du Rap, face A, Thomas Guillaumet, Thibault Lamadeleine, Samuel Bartholin, 2020.

À Pauline et Charles que j'aime et que j'admire.

À Juliette et Victor pour l'éternité…

À ceux qui veulent prendre ma place.

À celles qui ont oublié les paroles.

PRÉAMBULE

Nagui fait partie de l'histoire du petit écran. Comme Michel Drucker, de dix-neuf ans son aîné, il est désormais un dinosaure de la télévision. La soixantaine fringante et épanouie, l'animateur-producteur de France 2, contrairement à son illustre prédécesseur, n'a pas connu l'ORTF ni Mai 1968 ou TF1, chaîne du service public, au même titre qu'Antenne 2 ou FR3. Le présentateur préféré des Français, lui, est l'héritier des radios « pirates », de la bande FM, de TV6, l'ancêtre de M6, et de La Cinq de Berlusconi. Mais, comme Drucker, il a su naviguer dans les eaux troubles du PAF depuis près de quarante ans – il a effectué ses premiers pas devant une caméra en 1986, et devant le micro d'une radio en 1983 –, s'offrant ainsi une longévité exceptionnelle dans le monde cathodique. Jean-Luc Delarue, disparu en 2012, ou d'autres qui démarrèrent quasiment à la même période que Nagui, comme Christophe Dechavanne, Arthur ou Thierry Ardisson, sont soit en perte de vitesse, soit n'ont jamais connu la popularité du présentateur de *N'oubliez pas les paroles*. Que dire de ces mastodontes, Patrick Sabatier, Patrick Sébastien ou Jean-Pierre Foucault, qui ne réapparaissent qu'épisodiquement à l'occasion d'événements exceptionnels, tels que l'élection de Miss France ou le Loto… S'il n'en reste qu'un, ce sera Nagui ! Ce qui ne l'a pas empêché de connaître des hauts et des bas. Sa carrière a été jonchée d'obstacles et de coups fourrés dont il est toujours parvenu à se relever avec la même lucidité sur son statut et sa profession, ainsi qu'il le confiait il y a quelques années au *Parisien* en septembre 2019 : « *La fragilité de ce métier, je la connais. J'ai été viré des radios et des télés où je travaillais. Demain, je peux être viré de France 2 et de France Inter. Ça prend deux e-mails et au revoir ! Il n'y a pas d'entretien préalable. Je sais que j'ai une chance incroyable. Tous les matins je me dis : "Merci la vie !"* »

Soutenu et suivi par un très large public qui l'apprécie autant pour ses nombreux jeux – le premier, *Que le meilleur gagne !*, date du début des années 1990 – que pour sa mythique émission musicale *Taratata*, Nagui a commencé son aventure dans les médias alors qu'Internet, les réseaux sociaux et le téléphone portable n'existaient pas. Aujourd'hui, son fan-club sur Facebook ou ses comptes Twitter et Instagram totalisent plus de 900 000 abonnés, et lui-même utilise Instagram avec efficacité ! On ne parlait pas non plus de télé-réalités, de chaînes infos, de replay, de VOD ou de Netflix. Face à ces bouleversements à la fois sociétaux et médiatiques, celui qui a récemment rendu son tablier d'animateur de *Tout le monde veut prendre sa place* a tenu bon. Néanmoins, tout en acceptant ces multiples changements et ces innombrables évolutions, Nagui n'aura jamais abandonné les fondements de sa renommée et de sa personnalité : divertir le plus grand nombre – quitte à subir quolibets et critiques, avec ses jeux populaires qui remplissent les caisses publicitaires de France Télévisions –, et assouvir sa passion pour la musique et la culture en général, comme il le démontre depuis des années avec

Taratata et *La Bande originale* sur France Inter, ou lorsqu'il assure la présentation des *Victoires de la musique*, de quelques Fêtes de la musique ou de *Nulle part ailleurs* sur Canal Plus. C'est cette ambivalence qui confère à Nagui une place à part dans la grande histoire du petit écran. À la fois dingue de chanson française, de rock américain et de cinéma dont il parle aisément, il porte aussi aux nues les grosses blagues de potache, les jeux de mots et les vannes qu'il adresse quotidiennement aux candidats dans ses émissions. Quel autre animateur de sa génération, ou quelle autre présentatrice, ont été capables d'enfiler à la fois le costume d'un Guy Lux, d'un Jacques Martin ou d'un Pierre Bellemare des années 1990-2000 pour les programmes ludiques, et celui d'un Antoine de Caunes ou d'un Michel Denisot pour l'aspect culturel ? Qui peut, en même temps, mener une interview en anglais de Sting ou Alicia Keys pour *Taratata*, sans négliger ensuite la plaisanterie avec Jacqueline, venue de Toulouse, ou Jean-Pierre, habitant de Ris-Orangis, dans *N'oubliez pas votre brosse à dents* ou *Tout le monde veut prendre sa place* ? Ses détracteurs parleront d'opportunisme et d'un besoin obsessionnel de plaire à tout le monde. Ses partisans, eux, mettront en évidence sa dualité et sa curiosité, lui permettant de voyager d'un univers à l'autre avec une facilité et une aisance incontestables.

Issu d'une famille d'intellectuels, Nagui a probablement hérité de ses parents ce goût pour la culture sous toutes ses formes. Sans doute le gamin d'Alexandrie l'égyptienne et de la Riviera, ou le « minot » de la Croisette cannoise, a-t-il dans le sang le bagout, la rigolade et la bonne humeur méditerranéenne. C'est peut-être dans ce mélange des genres que réside la magie « naguiesque » qui fait de lui, depuis plusieurs années, l'animateur préféré des Français. Un élan de sympathie du public à son égard qu'il accepte avec une satisfaction non dissimulée, même si cela peut l'interroger, ainsi qu'il l'avait expliqué au magazine *Le Point*, en décembre 2019 : « *C'est toujours touchant, mais ça rajoute une pression supplémentaire, celle de ne pas décevoir demain... La popularité reste la base de notre métier. Les animateurs sont comme les chanteurs, ils préfèrent voir une salle pleine que d'entendre les strapontins qui se relèvent et les spectateurs déserter la salle.* » Des paroles d'or dans la bouche de cet animateur ultra-doué – même ses détracteurs le reconnaissent – qui aura souvent essuyé des revers. Au sommet depuis quelques années, ce fils de profs a cru voir sa dernière heure cathodique arriver à plusieurs reprises. Mais, tel un phénix, il a toujours réussi à renaître de ses cendres. À la fois présentateur et producteur, saltimbanque et businessman, « vanneur »-né et chef d'entreprise, bourgeois privilégié ayant pleinement réussi et citoyen préoccupé par les enjeux sociétaux de son époque, Nagui a voué sa vie à la télévision et à la radio. Comme les autres « bêtes » du PAF, il est entré dans notre vie quotidienne. Il fait partie des meubles, sans que cela soit péjoratif. Même s'il est aujourd'hui l'un des piliers de France Télévisions, Nagui le nomade a traversé toutes les contrées télévisuelles, allant de M6 à La Cinq en passant par TF1, Canal Plus, France 2, France 3 ou France 4. Certes avec plus ou moins de succès, mais toujours nourri par le besoin et l'envie d'apparaître dans le poste, à la tête de programmes variés, sans rapport les uns avec les autres. Faut-il alors vraiment le croire quand il affirmait en 2019 : « *Très sincèrement, je pourrais m'en passer, comme je pourrais me passer de la télévision demain. Ce n'est pas vital pour moi d'être animateur, que ce soit à la radio ou sur le petit écran. Ce qui reste important, c'est de fabriquer, de construire, d'imaginer, de concevoir… Si on me dit brusquement, demain, "vous arrêtez d'animer et vous vous consacrez à la production en mettant d'autres animateurs ou animatrices en avant", j'en serais ravi* » ? On peut en douter car l'animateur est toujours derrière les caméras, comme il le fit, en 2002, avec *Maurad contre le reste du monde*, un talk-show quotidien sur Canal Plus, présenté par Maurad, l'ex-animateur-vedette de NRJ, qui se solda par un cruel échec au bout de quelques mois. Ou en produisant le nouveau jeu *Chacun son tour*, animé par Bruno Guillon sur France 2 depuis septembre 2021, diffusé également sur France 2, juste avant *Tout le monde veut prendre sa place*, dont Nagui a laissé les manettes, après quinze ans de présentation, à Laurence Boccolini. Sans oublier que sa société Air Productions, très bien vendue au géant des médias Banijay, a un joli catalogue de documentaires principalement axés sur la culture et le sport, avec de véritables pépites, comme les remarquables portraits-entretiens de Zinédine Zidane, de Diego Maradona ou de son ami Didier Deschamps.

Nagui reste avant tout une marque, un nom et une valeur sûre en tant que présentateur. Il est le seul à être connu de manière aussi importante sous son seul prénom ! Il y a eu aussi Lagaf' et Tex, mais ils étaient plus des comiques « faisant de la télé » que de vrais animateurs. Surtout, ils n'ont pas connu la même longévité ni joué dans la même catégorie que Nagui, devenu l'un des plus fortunés et des plus puissants personnages du paysage audiovisuel. Il est aussi le seul et l'unique présentateur de jeux et de divertissements de ce calibre qui ne soit pas un « pur Gaulois ». Même s'il n'a jamais mis en avant ses origines comme un fonds de commerce identitaire, il a évidemment souffert d'un véritable racisme en raison de ses racines égyptiennes. Comme en témoigne ce sondage le concernant dont il a révélé l'existence, le 18 avril 2015, dans *On n'est pas couché*, sur France 2 : « *Lorsque vous avez une chaîne de télévision qui commande une étude pour savoir : "Est-ce que ça vous dérange qu'un Arabe présente une émission à 19 heures sur notre chaîne ?" Et que vous ne l'apprenez qu'une fois que le résultat est positif...* » Encore aujourd'hui, des *haters*[1] lui reprochent de trop dire « *qu'il est arabe* », lui, l'enfant de la Côte d'Azur aux sangs mêlés, puisant leurs sources dans l'Égypte, l'Italie, la France, la religion copte et le judaïsme.

Dans les années 1980, Nagui fut avec Smaïn, chez les acteurs, le premier visage arabe à apparaître sur le devant de la scène, ouvrant ainsi la voie à une génération de la diversité talentueuse, incarnée, entre autres, par Jamel Debbouze, Éric et Ramzy, Omar Sy, Malik Bentalha, Booder, Le Comte de Bouderbala, Nawell Madani, Thomas Ngijol, Mustapha El Atrassi, Az, Inès Reg ou Haroun. Mais ceux-là se distinguent sur scène ou au cinéma.

Au XXIe siècle, Nagui reste donc une exception télévisuelle française dans son domaine et à son niveau. Il le sait et ne le porte jamais en étendard. Audrey Pulvar,

1. *Littéralement : haineux. Se dit de personnes souvent anonymes qui publient des commentaires haineux sur les réseaux sociaux.*

avant d'entrer en politique, Harry Roselmack ou Leïla Kaddour sont aussi d'autres figures de la France moderne et diverse, mais dans le secteur de l'information et pas avec une telle ampleur en termes de popularité. « Bébé » du petit écran et du melting-pot, le natif du pays des pharaons et des pyramides s'est propulsé au sommet des plus grands médias populaires de l'Hexagone, comme RTL et France Inter, à la radio, ou France Télévisions. Biberonné dans la grande et belle culture livresque ou musicale par ses parents, il deviendra un véritable enfant de la télé en découvrant et en savourant, en famille, dans les années 1970, les shows inoubliables des Carpentier, les retransmissions sportives, les rendez-vous déjà dominicaux de Michel Drucker ou *Le Grand Échiquier* de Jacques Chancel. Si certains évoquent un Nagui parfois cassant, désagréable ou autoritaire, il demeure un fait : son lien réel et incontestable avec le public. On ne reste pas au top du PAF depuis tant d'années si cette relation quasi familiale n'existe pas. Son parcours professionnel et sa vie personnelle montrent sa volonté de ne jamais baisser les bras en dépit des embûches. C'est peut-être aussi pour cela que le public le plébiscite année après année. Une réalité s'impose. Qu'on l'aime ou pas, qu'on apprécie ou pas ses émissions, Nagui est aujourd'hui l'un des rois du petit écran.

1
LE DÉRACINÉ

« *Alexandrie, Alexandra...* », chantait Claude François en 1978. La deuxième ville d'Égypte, fondée par Alexandre le Grand en 334 avant Jésus-Christ, est non seulement le titre d'un des derniers grands tubes de Cloclo, mais aussi le lieu de naissance de celui qui fait fredonner les Français depuis 2007 avec son émission *N'oubliez pas les paroles.* Pourtant, Nagui Fam (on connaît tous son prénom, pas son nom de famille) n'a que très peu de souvenirs de « la perle de la Méditerranée », où il voit le jour en 1961 et qu'il quitte en 1965. Il n'en garde que des réminiscences, principalement à travers des odeurs, des couleurs, des photos ou les récits de ses parents. Le futur animateur de télévision préféré des Français a très tôt connu le déracinement, sans jamais renier ses origines égyptiennes, sans non plus les brandir comme un porte-drapeau, une revendication identitaire ou une appartenance communautariste.

Le départ de sa terre natale, ce déracinement, résonnera toujours à la fois comme une fragilité et une force. En s'en allant vers d'autres contrées, on perd certes quelques repères, un lieu de résidence, des amis. En même temps, cela permet de voyager, de découvrir d'autres univers, de nouer de nouvelles amitiés. Jamais Nagui ne raisonnera en termes d'immigration, d'intégration ou d'assimilation. Pas plus qu'il n'évoquera la douleur d'un paradis perdu ou l'arrachement à son pays d'origine. Sans doute grâce à l'éducation inculquée à son frère aîné Carim et à lui-même par ses parents, tous deux enseignants. Son père, Lotfy Fam, un chrétien copte, est professeur de littérature comparée et docteur ès lettres de l'université de Paris. Il officie en même temps comme interprète à l'ONU. Grand spécialiste de Lamartine, il est l'auteur de deux ouvrages extrêmement érudits, *Lamartine. Voyage en Orient. Édition critique*, en 1964, et *Lamartine prosateur. D'après le Voyage en Orient*, en 1971. Égyptien avec des origines grecques, ce féru de culture a trouvé son âme sœur, sa véritable moitié et l'amour de sa vie en la personne de Colette Teitelbaum, une Franco-Italienne originaire d'Aix-en-Provence, protestante du côté de sa mère, juive du côté paternel. Elle enseigne le français, le latin et le grec. Un milieu intellectuel où se mélangent le savoir, l'esprit d'ouverture, la mixité sans aucun a priori, et le respect d'autrui. À cause de la situation politique en Égypte, alors dirigé par Nasser, les Fam choisissent de partir. Direction la France, où Lotfy a trouvé un poste à l'université d'Aix-en-Provence. Le voyage s'effectue en bateau. Nagui, âgé d'à peine 4 ans, se souvient de ces quelques malles en fer couleur vert foncé, avec l'adresse de leur nouveau logement aixois, peinte au pinceau, en blanc. Ayant reçu une autorisation de travail renouvelable ou non chaque année, le professeur Fam ne videra jamais vraiment ses bagages, comme s'il pressentait qu'un nouveau départ allait s'imposer. Ils sont à moitié ouverts, toujours prêts à être refermés en vue d'une nouvelle destination, tandis qu'une partie atterrit à la cave du nouvel appartement d'Aix-en-Provence. Enfant, Nagui admire les villas spacieuses de ses copains aixois, qui s'affichent toutes avec une piscine, plusieurs pièces et des salles de jeux. Lui, le fils de simples fonctionnaires, doit partager sa chambre avec son frère. « *Je ne me suis pas dit : quoi faire pour gagner beaucoup d'argent ? Mais je me suis demandé : qu'est-ce que je veux faire ? De quoi ai-je envie ? Puis : comment être le meilleur ? De là viendra l'argent...* », expliquera Nagui dans *Libération*, en 2006. Une façon de mettre en pratique l'un des nombreux conseils de son père : « *Si tu veux être ministre, sois Premier ministre.* » Mais Lotfy et Colette Fam apprennent d'abord à leurs deux garçons à respecter ce pays qui les accueille, sa langue, ses traditions, sa culture et sa religion. Pas question pour la « Fam Family » de jouer aux immigrés perdus, aux exilés nostalgiques, aux nouveaux arrivants incapables d'endosser les us et coutumes de l'endroit où ils débarquent. Une leçon que Nagui a toujours retenue et mis en pratique, comme il l'a souligné dans *Paris Match* en 2016 : « *Je respecte ce pays qui m'a accueilli il y a cinquante ans, ses institutions, ses représentants. Je ne comprends pas ceux qui s'efforcent à ne pas parler le français en France. Garder une langue maternelle que l'on parle entre soi, parce qu'on a un peu de nostalgie, je comprends. Mais il faut s'adapter à la société dans laquelle on vit. Sinon, cela crée de l'exclusion. Comme si les Bretons ne voulaient parler que le breton ! J'ai du sang français, italien, protestant, arabe, juif polonais, copte, catholique. Et alors ? Je suis un être humain qui respecte le pays dans lequel il vit et qui demande qu'on le respecte aussi...* » Un détail ne trompe pas : jamais le professeur Fam ne parlera arabe devant ses enfants ou à la maison. Sauf quand il réprimande fortement Nagui pour une bêtise avec une seule expression, toujours la même, qu'il utilise à chaque fois. Des paroles que l'enfant ne comprend absolument pas et qui le pousseront un jour à demander à sa mère la traduction de cette sempiternelle « engueulade » à la sauce égyptienne. En fait, Lotfy Fam proclame : « *Maudit soit celui qui t'a mis au monde !* » Comme l'expliquera Nagui durant un entretien podcast avec l'entrepreneur Alexandre Mars, « *il se maudissait lui-même, cela prouve l'amour et l'affection qu'il me portait. Et je me souviens qu'il n'a jamais porté la main sur moi, sauf une baffe quand j'étais adolescent…* ». Longtemps, Nagui a cru que son prénom égyptien voulait dire « qui tire sa force de la chaleur ». Il se trompait. Cela signifie « sauvé, protégé » en arabe. Quand il entrera dans le monde des médias, il ne se fera plus appeler que Nagui, zappant son patronyme Fam, à la fois pour ne pas gêner ses parents, mais aussi pour faire oublier cette référence arabisante, susceptible de provoquer la méfiance ou le racisme chez les plus sectaires d'entre nous. D'ailleurs, aujourd'hui, Nagui est devenu une marque déposée à l'Institut national de la propriété industrielle pour décourager les éventuels plagiaires.

Alors que les Fam profitent de la jolie ville d'Aix-en-Provence dont le climat et les rayons de soleil évoquent, en un peu moins chaud, ceux de l'Égypte, un nouveau chambardement intervient dans leur périple de déracinés. En 1968, les autorités françaises ne renouvellent pas l'autorisation de travail et de séjour du professeur Fam. Il faut donc rapidement trouver une porte de sortie. Encore un déracinement, une autre implantation, de nouvelles personnes à découvrir, un nouvel espace culturel et historique à explorer. Une situation pas évidente à gérer pour les parents de Nagui et Carim, ainsi que l'animateur l'a relaté sur le plateau de *On n'est pas couché* sur France 2, en 2015 : « *Je découvre la peur, ou du moins la tension qu'il pouvait y avoir dans la famille d'ouvrir la boîte aux lettres pour savoir si on peut encore rester en France ou pas. C'est un drôle de sentiment. Surtout quand arrive une lettre qui dit : "Vous ne pouvez plus rester en France, fin du permis de séjour."* »

Après la France, ce sera le Canada, plus précisément le Québec et sa belle capitale, Montréal. Lotfy Fam y a décroché un poste de professeur. Une nouvelle traversée en bateau, moins cher que l'avion. Pour y parvenir, la famille embarque de nouveau sur un navire, car il s'agit du moyen de locomotion le plus économique à l'époque. Pour combattre le mal de mer, Nagui ingurgite des jus d'ananas, un remède prescrit par le médecin du bord.

La découverte de Montréal et de l'Amérique du Nord sera un enchantement, aussi bien pour Nagui que pour son frère Carim, de quatre ans son aîné et qui depuis a réussi une brillante carrière d'analyste financier. Certes, les conditions climatiques sont nettement plus rigoureuses qu'à Aix-en-Provence, mais la modernité et le *way of life* montréalais, fortement influencé par le voisin américain, vont immédiatement enchanter Nagui. Avec d'abord les téléphones canadiens qui possèdent des touches sonores et non pas des cadrans classiques comme en France. Juste pour le plaisir d'entendre le son du combiné, le jeune Nagui prend un « kif » à appeler au hasard des gens dans le bottin avant de raccrocher immédiatement. Il y a aussi ces grosses voitures made in USA, tellement différentes des petits modèles européens ! Quand il se retrouve dans la Peugeot que sa maman a fait venir de France, Nagui a presque honte de se déplacer dans ce véhicule minuscule comparé à ceux qu'il croise dans les rues de Montréal. Au Canada, on passe aussi du petit appartement familial pour quatre personnes, à la maison typiquement nord-américaine où chacun a sa chambre, sa salle de bains, ses toilettes, sans oublier un jardin ! Le luxe absolu pour ces nouveaux immigrants.

Quelques mois après Montréal, la « Fam Family » s'installe à Ottawa, où Lotfy a obtenu un poste à l'université Carleton. Ils y resteront un peu plus d'un an. Une vraie période de bonheur pour Nagui, inscrit avec son frère dans une école catholique privée. C'est l'époque des parties de football américain interminables avec les copains dans le jardin ou celui des voisins, car il n'y a pas de clôture, mais en prenant toujours garde de préserver la pelouse ou les plantes de ceux qui vous invitent à jouer. On se repose avec des orangeades ou des pancakes au sirop d'érable. Un sentiment de liberté et de grands espaces, mais toujours marqué par le respect de l'autre et du pays qui vous a tendu ses bras. Lotfy Fam ne badine pas avec ses valeurs et ses enfants suivent ses principes à la règle.

20 janvier 1969. Une date à marquer d'une pierre blanche. Ce jour-là, un drôle d'objet fait son apparition dans le salon. Nagui a 7 ans. Ses parents viennent d'acheter leur première télévision afin de ne pas rater les premiers pas de l'homme sur la Lune, prévus pour le mois de juillet 1969. Lotfy et Colette Fam ont jeté leur dévolu sur un poste Continental Edison, avec une commande qui

ferme à clé le téléviseur. Clé que conserve précieusement la mère de Nagui ; seuls les parents peuvent décider du choix des programmes.

Au fil des années 1970, Nagui grandit en suivant assidûment les émissions de Maritie et Gilbert Carpentier, celles aussi de Guy Lux, où il découvrira France Gall dans une robe à paillettes très courte et dont il tombera amoureux, *Les Rendez-vous du dimanche* présentés par Michel Drucker ou les matchs de football, en compagnie de son père avec qui il a une idole en commun, le légendaire joueur brésilien Pelé. Plus tard, il « consommera » à outrance les émissions de rock d'Antenne 2 comme *Chorus* et *Les Enfants du rock*, en réalisant que l'animateur de ces shows, Antoine de Caunes, pouvait utiliser un langage moderne et plus proche de lui. En dépit de cette période heureuse, il y a un problème de taille : Colette Fam ne supporte plus le grand froid canadien. La chaleur, les températures estivales et l'ambiance du sud de la France manquent de plus en plus à la mère de Nagui et de Carim, les moins dix ou les moins vingt, ce n'est plus possible. Au grand désespoir de Nagui qui adore cette vie made in Canada et qui supporte allègrement la froideur du climat, Colette Fam convainc son époux de refaire les valises pour rentrer en France. C'est à Cannes que les Fam vont atterrir début 1970. Ce choix n'est pas dû au hasard. La grand-mère maternelle de Nagui et sa tante, la sœur de sa mère, y résident depuis plusieurs années. Comme point de chute, il y a pire, et la « dolce vita » cannoise n'est pas pour déplaire à Nagui !

Il a 10 ans quand il fait son entrée à l'institut Stanislas de Cannes, établissement privé catholique sous contrat avec l'État, fondé en 1866, pendant régional et qui représente une entité du fameux collège Stanislas installé dans le 6e arrondissement de Paris. Lotfy et Colette Fam ont donc choisi l'excellence pour leurs deux garçons avec cet imposant et prestigieux collège qui s'étend sur 24 000 mètres carrés et accueille plus de 2 300 élèves et étudiants, répartis de la maternelle aux classes préparatoires économiques et scientifiques. Situé place Stanislas, en plein centre de Cannes et surplombant la baie cannoise, juste au-dessus du magnifique centre historique du Suquet, l'institut Stanislas peut s'enorgueillir de quelques illustres anciens élèves comme le général Weygand, le poète Guillaume Apollinaire, l'aviateur Roland Garros, les comédiens Louis Jourdan et Gérard Philipe et, plus proches de nous, les chanteuses Jennifer Ayache (la fille de Chantal Lauby, l'ex-membre des Nuls), Cécilia Cara, l'héroïne de la comédie musicale *Roméo et Juliette*, ou encore Claude François junior et son frère Marc, les jumeaux de Claude François.

Entre ses études, les petites virées avec sa mobylette, les joies de la plage et les premières amours, l'ado Nagui apprécie son existence cannoise. De l'institut Stanislas, il garde un bon souvenir, même si l'enseignement catholique n'aura aucun effet dans sa vie spirituelle. Totalement agnostique aujourd'hui, tout en éprouvant un profond respect pour toutes les religions, Nagui aura été marqué par ses cours de philosophie en classe de terminale qui ont orienté son « non-rapport » à Dieu.

Dans l'appartement familial règne une atmosphère studieuse. Dans le salon, très enfumé par les cigarettes du père, Lotfy Fam prépare ses cours et corrige ses copies, comme son épouse Colette, tout en écoutant France Inter, la radio préférée du clan Fam. Nagui, lui, fait ses devoirs, installé à la table de travail de ses parents. Quand la radio est éteinte, les Fam privilégient la musique classique, avec une prédilection pour Mozart, Bach ou des symphonies. Quand Colette Fam se met au piano, on pousse souvent la chansonnette avec une préférence pour le répertoire de Georges Brassens. Sans doute influencé par Carim, Nagui se passionne très vite pour les Beatles, dont son aîné est un grand fan, tout en ayant un faible quelque peu inavouable pour les Rubettes, un des groupes de pop variétés anglaises les plus populaires des années 1970. La musique prend très vite de la place dans le quotidien de Nagui. Pas très à l'aise avec la guitare classique que ses parents lui ont offerte pour suivre des leçons, il se lie d'amitié avec le neveu de Christian Vander, le mythique batteur et leader du groupe de rock expérimental Magma, l'un des grands noms de la scène rock des seventies. Cet ami possède une petite chambre et un local de répétition dans le jardin d'un immeuble. Il y a une batterie et Nagui se pâme pour cet instrument même s'il n'est pas très doué. Avec son acolyte et deux autres musiciens, ils créent un groupe nommé Euterpe. « *J'ai été propulsé chanteur, on voulait reprendre du Neil Young et du Black Sabbath, je pense qu'il a dû y avoir trois répétitions avant qu'on comprenne que c'était vraiment pas possible* », raconte Nagui dans *Les Inrockuptibles* en 2017.

Tout irait pour le mieux dans le meilleur des mondes si Nagui n'était pas confronté pour la première fois au racisme. Nous sommes en 1977. Il a 16 ans, lorsqu'un banal contrôle d'identité tourne rapidement au délit de faciès. Le policier regarde ses papiers d'identité, prend un carnet et note son adresse avant de lui adresser, froidement et droit dans les yeux : « *Maintenant, je sais où tu habites, espèce de sale bougnoule...* » Un événement qui le marquera à vie. Il se souvient encore du visage de ce gardien de la paix. Conseillé par un camarade, le présentateur-producteur de *Taratata* n'hésitera pas à se plaindre au commissariat de Cannes. Le fonctionnaire de police sera sanctionné.

Ces années sont aussi celles des premiers émois amoureux. Comme de nombreux ados, Nagui ne s'aime pas physiquement. Pour compenser ce complexe allié à une certaine timidité, il mise tout sur son sens de la repartie et sa « tchatche ». Comme il ne figure pas dans la catégorie des beaux mecs, ce seront ses modes de séduction. « *C'est venu en seconde, quand je me suis rendu compte que je ne pouvais pas miser sur le physique ni sur une intelligence qui n'était pas spécialement au rendez-vous. J'ai commencé à jouer la grande gueule, le vanneur, le mec au fond de la classe qui fait rigoler. Je me suis dit : "Tiens, ça marche..." Je suis devenu le mec sympa !* », confie Nagui. Mal dans sa peau et complexé, Nagui se sent ridicule quand il adresse la parole aux jeunes filles de son âge. Il ne découvrira la sexualité qu'à 17 ans, ce qui ne paraît pas très vieux, mais un peu tardif par rapport à de nombreux autres garçons de sa génération qui allaient au septième ciel dès 14 ou 15 ans.

Même s'il n'a pas encore décidé qu'il ferait carrière dans l'animation à la radio et la télévision, Nagui va se servir d'« outils » pendant les boums pour attirer le regard des filles, lui qui ne se sent pas capable de danser ou de draguer les demoiselles. Trop timide, pas à l'aise avec son corps, ne trouvant pas les bons mots pour courtiser celles qui lui plaisent, il s'improvise disc-jockey car il aime parler dans un micro et s'occuper de la musique sur laquelle se trémoussent les autres ! « *La solution, c'était de passer des disques. Et là, dès l'instant où vous passez des tubes dans les soirées, les filles viennent vous voir, vous êtes la vedette. C'est comme ça que j'ai commencé à faire le malin...* », explique-t-il au *Point* en 2019. Avec un camarade, il achète deux platines, une table de mixage et organise des petites fêtes, moyennant 10 francs l'entrée pour financer l'achat des disques et des boissons. Un premier business d'adolescent qui procure de l'argent de poche, du plaisir et des contacts fréquents avec les filles. Peu à peu, celui qu'on surnommait « Femmelette », en référence à son nom de famille, réalise qu'il a une passion : les médias. Il adore écouter la radio ou regarder la télévision, mais il sent que cet univers lui sera inabordable. Lui, le fils d'enseignants. Lui, le déraciné sans relations dans ces milieux. Lui, l'élève de Stanislas sans aucune vision de la marche à suivre, ne serait-ce que pour obtenir un rendez-vous. Et s'il a rêvé un temps très court de devenir pilote d'avion, il renoncera rapidement à ce projet en raison de ses résultats moyens en mathématiques, en dépit du fait qu'il obtiendra un bac C. Durant ces années 1970, il n'y a que trois chaînes de télévision, et dans la région Provence-Côte d'Azur, on ne peut écouter que deux stations radiophoniques, France Inter et Radio Monte Carlo. Nulle possibilité d'entendre RTL, Europe 1 ou Sud Radio, et les radios libres n'ont pas encore vu le jour. Comme beaucoup de jeunes de son âge, Nagui ne sait pas où se situe véritablement sa place. Presque mécaniquement, il pressent, à l'approche du baccalauréat, qu'il suivra la même voie que son frère Carim, parti à Paris pour suivre une préparation HEC avant de poursuivre de belles études dans une grande école de commerce, à Lyon, et de décrocher un poste gratifiant dans la finance, en Suisse. Nagui sait aussi que ce cursus ne pourra que satisfaire ses parents très attachés au mérite et aux études. « *Par respect pour eux, pour ne pas insulter la bonne volonté de mes parents ou l'esprit familial et aussi, de peur de ne pas trouver un emploi sans un bon diplôme, je m'apprête à faire comme Carim. Je ne me voyais pas dire autre chose à Papa et Maman. Ce sera aussi une économie pour mes parents, car j'aurais les mêmes livres, les mêmes cours, et ils me soutiendront dans ce projet, d'autant plus que je pourrais vivre à Paris dans l'appartement où mon père résidait deux jours par semaine lorsqu'il venait enseigner à la Sorbonne où il était titulaire d'une chaire…* », a expliqué Nagui à Alexandre Mars lors d'un podcast. Chaque dimanche soir, Colette Fam, Carim et Nagui accompagnent le chef de famille à la gare de Cannes où il prend, à 22 h 30, un train de nuit pour Paris. Lotfy Fam espère que son cadet s'orientera vers des études de médecine, mais Nagui ne s'imagine pas avec une blouse blanche de toubib et encore moins s'astreindre à huit ans d'études. En dépit de sa déception, son père ne cessera jamais de le soutenir malgré ses choix. « *Choisis un métier que tu feras avec passion*, lui conseille-t-il. *Et fais en sorte de travailler pour être le meilleur. Si tu veux être ministre, sois Premier ministre, si tu veux être balayeur, sois le premier balayeur. Mais ne sois pas petit bras !* »

Après l'obtention de son baccalauréat scientifique et un DEUG à la faculté des sciences de Nice, Nagui « monte » donc à Paris pour sa prépa aux concours d'entrée aux écoles de commerce, à l'instar de son frère Carim. Un nouveau déracinement, après l'Égypte, Aix-en-Provence, Montréal, Ottawa et Cannes. Sans réel enthousiasme, il se rend au lycée Paul-Valéry, dans le 12e arrondissement, ou à l'institut Frilley, situé dans le 17e. Très vite, il se rend compte qu'il ne pourra pas, ni n'aimera jamais emprunter la même voie royale que son frère aîné avec qui il reste très proche : « *Il a fait de brillantes études de commerce*, raconte Nagui, *celles que je n'ai pas terminées. Nous avons quatre ans d'écart. Il m'a donné le goût de la musique, du cinéma, de la compétition aussi : qui va le plus vite, qui gagne le plus d'argent pendant les vacances, qui a la plus jolie petite amie… Carim est un repère d'autant plus essentiel que nous avons perdu nos parents. Nous sommes seuls en haut de la pyramide.* » De toute façon, l'envie de radio se fait de plus en plus pressante. Bientôt, un triste événement va complètement transformer le cours de son destin. En 1982, son père disparaît à l'âge de 64 ans. Trop tôt, tellement injuste… C'est la grande blessure de Nagui qui regrettera toute sa vie que son père, l'érudit Lotfy Fam, n'ait jamais pu voir son fils à la télévision, ni se rendre compte du parcours qu'il a réalisé, en suivant à la lettre le précieux conseil paternel : travailler et se battre pour être le meilleur. Nagui n'a que 21 ans, étudie à Paris et ne s'imagine pas un instant rester dans la capitale pour une simple raison : il sait que sa mère n'aura pas les moyens financiers pour payer la prépa aux écoles de commerce, ainsi que l'appartement parisien et subvenir à ses besoins d'étudiant. Il annonce à sa maman sa grande décision : l'arrêt de ses études pour travailler. Avec un retour au bercail cannois où il a ses repères, ses amis et sa mère qu'il tient aussi à épauler financièrement.

Sans diplôme, Nagui sait qu'il pourra rapidement décrocher un job de serveur dans une pizzeria ou d'employé dans un bar. Et pourquoi pas, disc-jockey dans des soirées privées ou dans les nombreuses discothèques de Cannes, Juan-les-Pins, Antibes ou Nice. Avec les périodes touristiques ou les nombreux événements à Cannes, à commencer par le Festival de cinéma ou le Midem, il gagnera de l'argent, déclaré ou pas, et souvent agrémenté de gros pourboires. Tout en jouissant de la douce existence de la Riviera, même si l'absence de son père et la peine immense de sa disparition demeurent irrémédiablement ancrées en lui.

Parallèlement à ses études, Nagui avait pu s'adonner à sa nouvelle addiction : la radio. À l'époque, les stations FM ne sont pas encore autorisées en France, même si François Mitterrand, élu président de la République le 10 mai 1981, a promis de les autoriser dès son accession à l'Élysée. En attendant la légalisation officielle des radios libres, Nagui n'a pas hésité, durant l'année 1979, à franchir la frontière pour effectuer ses premiers pas d'animateur dans une radio illégale nommée Radio Midi, après une première expérience à Radio Vintimille. Situé en Italie, dans les collines de Vintimille, ce média a installé un émetteur sur les hauteurs de la ville, orienté vers l'Hexagone et pouvant diffuser ses programmes sur la fréquence 94.7 FM. Un maître-chien contrôle l'entrée de Radio Midi (d'abord appelée Radio Continentale), installée dans une sorte de garage. L'homme est équipé d'un fusil de chasse au cas où les forces de l'ordre arriveraient pour saisir l'émetteur. C'est encore Valéry Giscard d'Estaing, qui préside la France et la Sofirad, l'organisme officiel chargé des autorisations, qui veille au grain pour rétablir l'ordre audiovisuel. Rémunéré 9 francs de l'heure (soit 1,50 euro) comme ses quatre autres collègues animateurs, le débutant Nagui, toujours étudiant à l'époque, anime sept à huit heures d'émissions chaque jour ! Une expérience incroyable. Il doit meubler l'antenne de 10 heures à 18 heures, tout en passant des disques, ne pas oublier d'aller aux toilettes ou se restaurer. Quand il reste quelques jours sur place, il partage son quotidien avec les autres membres de l'équipe qui dorment dans une chambre collective où sont installés des lits bateaux, mangent des plats de pâtes plus ou moins bien cuites, et discutent des tubes du moment à diffuser. Qui aurait alors prédit que dans ce dortoir se trouvait l'un des futurs et plus importants nababs du paysage audiovisuel français ? Un jeune adulte sans un sou, qui n'hésite pas à sortir d'un café ou d'un commerce en « oubliant » de payer ses consommations, ses provisions ou des vêtements. « *Des choses qui ne sont pas recommandables qui sont, j'allais dire détestables, mais c'est moi,* confesse-t-il, *qui me détestais à le faire. En même temps, je n'avais pas d'autres moyens pour vivre et pour m'en sortir…* » Sans oublier le fait d'avoir purement et simplement squatté un appartement vide durant quelques mois, grâce aux clés récupérées auprès du précédent locataire. Jusqu'au jour où le propriétaire se rendra compte de la chose après avoir reçu des factures d'électricité et coupera le compteur électrique. En revenant dans son squat, Nagui sentira une odeur pestilentielle : celle des aliments pourris et fondus dans le frigidaire hors d'usage. La supercherie avait été débusquée et il quittera rapidement les lieux sans demander son reste pour ne pas connaître de problèmes avec la justice. Tout en poursuivant son activité stakhanoviste sur Radio Midi Vintimille et alors que le nouveau gouvernement de Pierre Mauroy fait preuve de tolérance à l'égard des nouveaux aventuriers de la bande FM – en attendant la loi Fillioud du 29 juillet 1982 qui libérera officiellement les fréquences –, Nagui crée, avec deux autres amis, une petite station à Cannes, baptisée Radio Galère. Les trois comparses se relaient derrière le micro 24 heures sur 24 dans leur mini-studio improvisé dans le port de Cannes, à quelques mètres de l'Hôtel de Ville et de l'ancien Palais des Festivals. Dominique Duforest, l'un des premiers animateurs-vedettes de NRJ et « La Voix » dans l'émission *Secret Story* sur TF1, sera l'un de ses deux collègues dans cette « galère ». Nagui n'a pas 20 ans quand il reçoit à reculons un chanteur de passage dans la région et inconnu à cette période, dont l'un des titres commence à grimper aux premières places des hit-parades. Il a 30 ans. Il s'appelle Jean-Jacques Goldman et sa chanson *Il suffira d'un signe* va marquer le début d'une prodigieuse carrière. Nagui ne supporte pas ce morceau mais consent à interviewer cet artiste, sur l'insistance de l'attachée de presse de sa maison de disques CBS, à condition d'interroger la prochaine fois Patrick Coutin, l'auteur du tube *J'aime regarder les filles*. Cette rencontre non désirée entre Nagui et Jean-Jacques

Goldman donnera naissance à une vraie amitié entre les deux hommes. Douze ans plus tard, la star de la chanson française composera le fameux générique de *Taratata*. Pour le jeune déraciné, le début de l'aventure médiatique ne fait que commencer…

2
IL ÉTAIT UNE FOIS LA RADIO

Entre Radio Midi et Radio Galère, il faut néanmoins vivre. Pour gagner un peu d'argent, tout en aidant financièrement sa mère qui ne roule pas sur l'or avec son seul salaire d'enseignante, Nagui trouve un job de serveur dans une pizzeria, dans le port de Cannes, et anime aussi plusieurs soirées, dont quelques-unes au *Whisky à gogo* de Juan-les-Pins, l'une des discothèques les plus fréquentées de la Côte d'Azur, située à cinq minutes de Cannes. Jean Verney, le patron de l'établissement qui a racheté en 1971 cet établissement à Paul Pacini, l'une des figures légendaires des nuits sur la Riviera, donne régulièrement sa chance à de jeunes DJ et animateurs inconnus. Cela plaît à sa clientèle et ne lui coûte pas très cher… Avant Nagui qui présenta l'élection de Mister Whisky à Gogo, Thierry Ardisson et Julien Lepers furent aussi, dans les années 1960 et 1970, des employés nocturnes de cette boîte de nuit avant de connaître la gloire cathodique. Mais à la même époque, les origines égyptiennes du présentateur préféré des Français vont cogner à sa porte d'une façon à laquelle il ne s'attendait pas. Bien qu'il soit de nationalité française, il demeure toujours soumis à la loi égyptienne qui stipule que tout garçon né en Égypte exécute son service militaire dans son pays d'origine ou d'adoption, tout contrevenant risquant des peines de prison et d'amendes sévères. À 20 ans, Nagui n'a aucune envie d'apprendre à préparer un paquetage de survie ou à manier un fusil ! S'il s'arrête pendant un an pour servir sous les drapeaux, que ce soit celui de l'Égypte ou de la France, c'est aussi prendre le risque de mettre un frein à ses ambitions médiatiques alors que le monde des radios FM va connaître une véritable révolution. Pour ne pas être enrôlé, il ne va donc pas hésiter à user de tous les stratagèmes. Avec la complicité d'un ami étudiant en médecine, il choisit de se faire réformer G4 ou P4, c'est-à-dire inapte au service pour raison médicale ou psychologique quitte à mettre sa santé en danger comme il l'a avoué : « *Ce copain m'avait donné une petite fiole de produit à mettre sur les plis de la peau. Normalement, c'est un médicament qui est fait pour soigner quelque chose, mais comme il n'y avait rien à soigner, la peau va réagir et faire comme des espèces de boutons, d'ecchymoses, de démangeaisons, et on va te faire un certificat médical comme quoi, toi tu as toujours eu ça et que de temps en temps ça suinte et que tu ne peux pas porter d'uniforme et que c'est inconfortable, et ainsi de suite.* » Hélas, aucun médecin ne souhaitera prendre le risque de lui délivrer ce fameux certificat, au risque d'être radié si le pot aux roses est découvert. Il utilise alors les « grands » moyens en faisant appel à... un mort ! Nagui et son camarade iront jusqu'à prendre le nom, le prénom, l'adresse et le numéro de registre d'un médecin décédé sur la Côte d'Azur pour faire imprimer par un autre ami une ordonnance ! Résultat : Nagui sera exempté du service militaire. Dès lors, il n'a vraiment plus qu'un objectif : faire de la radio.

En septembre 1982, les premières stations FM légales jaillissent dans le paysage radiophonique français, comme promis par François Mitterrand. Dans la région de Nagui, c'est, entre autres, l'arrivée de Radio Côte d'Azur, future Radio France Côte d'Azur. Basée à Nice, bastion du maire tout-puissant et sulfureux Jacques Médecin, cette nouvelle radio ne peut qu'attirer Nagui. Il y voit un moyen de mettre le pied dans une véritable structure professionnelle, loin des galères sous-payées, voire bénévoles, de Radio Midi et Radio Galère. À peine dix jours après la mort de son père, il envoie, au culot, une lettre de candidature à la direction de Radio Côte d'Azur. Sans réponse, il appelle, un soir, vers 19 h 30, la station. Après plusieurs longues sonneries, quelqu'un lui répond. Nagui demande à son interlocuteur s'il peut présenter un projet d'émission. Grand éclat de rire à l'autre bout de la ligne, celui de Jean-Pierre Bati, le directeur d'antenne, un ancien de Radio Tanger, au Maroc, dans les années 1960-1970 et vrai pro de la radio, décédé en 2014. Il a décroché en l'absence des standardistes de la radio. « *On vient de commencer il y a quinze jours et vous croyez qu'on n'a pas d'équipe ou de programmes ? On est au complet, mais j'aime bien votre voix. Venez quand même me voir demain matin* », lui propose ce vieux briscard des ondes. Le lendemain matin, Nagui se rend au rendez-vous en portant le même costume-cravate qu'il avait mis pour les obsèques de son père. Comme pour se vêtir d'une protection paternelle. Dans les locaux de la radio niçoise, il provoque l'hilarité tant son look est loin de la couleur ambiante. Ici, la panoplie de travail c'est plutôt jean, tee-shirt, baskets, et cigarette au bec, quand il ne s'agit pas carrément de « pétards »... Tous plutôt tendance de gauche et en pleine époque mitterrandienne, les membres de Radio Côte d'Azur se prennent un peu pour les nouveaux résistants face à l'ultra-droitier Jacques Médecin. Lors de cette première apparition à Radio Côte d'Azur, Nagui fait donc figure d'Ovni avec son style de cadre en assurances ! Mais sans se fier à son apparence, Jean-Pierre Bati l'enferme dans un studio pour enregistrer une maquette. Au bout d'une heure, la sentence tombe : « *Tu parles trop et tu parles trop vite, mais tu as du soleil dans la voix et j'aime ça,* lui annonce Bati. *Je prends ton numéro au cas où, mais je ne te promets rien du tout. On verra…* » Pour Nagui, cela semble « cuit ». De retour chez lui, il explique à sa mère que son avenir ne passera sans doute pas par Radio Côte d'Azur. Pourtant, deux jours plus tard, le miracle se produit. Le samedi après-midi, Jean-Pierre Bati rappelle Nagui pour lui confier une émission chaque week-end, le samedi et le dimanche, de 20 heures à minuit. Quand une telle occasion se présente, il faut immédiatement la saisir ! L'animateur chargé de cette tranche ne donne pas satisfaction au responsable de l'antenne de Radio Côte d'Azur qui déplace ce présentateur à un autre horaire et le remplace par ce jeune Cannois de 20 ans. Dès le lendemain, Nagui arrive à 15 heures dans les locaux de Radio Côte d'Azur pour préparer sa première émission. C'est un dimanche d'automne et il n'y a pas grand monde dans la station. Durant cinq heures avant sa première prise d'antenne, il prépare consciencieusement sa session radiophonique, comme s'il passait l'examen d'entrée dans une grande école. Sélection minutieuse de la programmation musicale, écriture de certains lancements et essai des micros : rien n'est laissé au hasard.

Il se souvient des conseils de son père : « *Choisis un métier que tu feras avec passion. Et fais en sorte de travailler pour être le meilleur…* »

Pour ce premier contrat professionnel, signé en octobre 1982, Nagui est payé 1 200 francs par mois, pour quatre week-ends. Un vrai départ pour ce « minot » sans aucune relation dans ce milieu. Pendant trois années, Radio Côte d'Azur va prendre l'aspect d'un véritable centre de formation professionnelle. Chanceux, il déniche un studio pour habiter à bon prix, rue de France, l'une des artères les plus animées et les plus agréables de Nice, à quelques dizaines de mètres de la place Grimaldi où sont installés les studios. Sous la direction bienveillante et joyeuse de Jean-Pierre Bati, qui se promène toujours dans les couloirs avec une pile de disques sous le bras, et de Gilles Marquet[1], le directeur général, Nagui s'initie avec passion et gourmandise aux techniques de sa profession, ce qu'il n'avait jamais effectué auparavant à Radio Midi ou à Radio Galère. Il apprend le montage, la fabrication de jingles promotionnels ou l'utilisation d'un Nagra, ces anciens magnétophones de légende, pour réaliser des interviews. Une période durant laquelle il démontre ses talents d'intervieweur et son goût pour la musique. Les plus grands groupes ou chanteurs de l'époque défilent devant son micro : Police, Dire Straits ou Depeche Mode, pour n'en citer que quelques-uns sur le plan international, mais aussi Patrick Bruel, Francis Cabrel ou Alain

1. *Ancien responsable de Radio Andorre, entre 1975 et 1981, et mort en 2012, Gilles Marquet fut recruté par Radio France en 1981 pour développer le réseau régional des radios de l'audiovisuel public.*

Souchon. Quand ces vedettes débarquent dans la région pour des grands concerts à Cannes, Nice ou Monaco, elles passent systématiquement dans le studio de Nagui ou reçoivent dans leurs chambres d'hôtel ce jeune homme d'une vingtaine d'années, tout émoustillé de dialoguer avec ces champions des hit-parades. Pas de doute, ce sont trois années exaltantes et riches d'enseignements.

Comme la Promenade-des-Anglais n'est distante que de trente kilomètres de Cannes, il rend visite très régulièrement à sa mère. Leurs liens se sont renforcés depuis la disparition de son père, d'autant que Carim, le frère aîné, poursuit ses études à Lyon. La seule chose de Nice qu'il n'aime pas, ce sont les galets de la plage, lui, l'habitué du sable de Cannes ! Quand il le peut, histoire d'arrondir ses fins de mois, Nagui reprend son activité de DJ au *Whisky à gogo*, mais aussi au *Voom Voom*, l'une des autres discothèques prisées de Juan-les-Pins.

Dès son arrivée à Radio Côte d'Azur, il remarque, dans le grand open space où déambulent les journalistes et les animateurs dans une ambiance conviviale, deux collègues qui détonnent dans cette antenne régionale du mammouth Radio France et avec lesquels il se lie d'amitié. L'humour et l'irrévérence qui caractérisent ce duo ne peuvent que le séduire. Leurs noms : Bruno Carette et Chantal Lauby, deux futurs membres des Nuls qu'ils formeront quelques années plus tard avec Alain Chabat et Dominique Farrugia. De treize ans son aînée, Chantal Lauby apprécie l'enthousiasme de Nagui et son sens de la dérision. À cette époque, Chantal Lauby fait un peu figure de « star » des ondes méditerranéennes. Après avoir été speakerine à FR3 Auvergne, sa carrière l'a amenée sur la Côte d'Azur où elle se fait remarquer, lors de l'été 1977 sur FR3 Nice, en étant la première femme du monde à chevaucher une orque devant les caméras au fameux Marineland d'Antibes, vêtue d'un maillot de bain deux-pièces qui mettait en valeur son joli physique ! Grâce à sa popularité, elle devient aussi la correspondante locale, à Cannes, de l'émission quotidienne *Les Jeux de 20 heures*, animée par Maurice Favières, l'un des ténors de la station RTL dans les années 1960-1970, et Jean-Pierre Descombes.

Animatrice à Radio Côte d'Azur, Chantal Lauby y croise la route de Bruno Carette. C'est immédiatement un coup de foudre amical et professionnel entre eux. Né en Algérie et ayant vécu son enfance au Maroc, cet ancien GO au Club Med et membre éphémère du Big Bazar de Michel Fugain partage avec Nagui des racines orientales. Ce qui ne pourra que rapprocher aussi les deux hommes, Bruno Carette n'ayant que cinq ans de plus que le jeune animateur. C'est au contact de Chantal Lauby et Bruno Carette (disparu en 1989) que Nagui posera un premier pied sur la planète Télévision. Depuis 1983, le tandem radiophonique Lauby-Carette présente *Bzzz !* sur FR3 Marseille, une émission humoristique avec des sketchs et des parodies. Un rendez-vous certes régional mais décapant dans l'univers cathodique du début des années 1980. « *On avait choisi ce nom imprononçable* Bzzz ! *pour emmerder la speakerine. En 1985, la télévision était un peu coincée. Le samedi, les magazines étaient plutôt culturels. Avec Bruno Carette, nous étions iconoclastes, grisés par un vent de liberté terrible. C'était le système D ! On était fauchés comme les blés, je crois qu'on touchait 120 francs par émission* », se souvient Chantal Lauby.

Grâce à *Bzzz !*, ils seront repérés par Alain de Greef et Albert Mathieu, les directeurs des programmes et de l'antenne de la nouvelle chaîne Canal Plus, à la recherche de nouveaux talents. On connaît la suite, avec Alain Chabat et Dominique Farrugia...

Un samedi, Nagui regarde *Bzzz !* sur le petit écran d'une des salles de Radio Côte d'Azur, avec Bruno Carette à ses côtés. Pour lui, il s'agit d'une première qui l'émerveille : il est en train de visionner un programme de télévision avec l'un de ses protagonistes, assis près de lui ! Et ce mordu des médias aimerait aussi franchir le pas pour atterrir dans le tube cathodique. « *J'ai dit à Bruno que c'était génial de faire de la télé,* raconte Nagui[1], *mais que je ne savais pas du tout comment faire. Je me rappelle de sa réponse tellement drôle et surprenante, avec son accent pied-noir qu'il prenait et qu'il forçait à chaque fois qu'il voulait se moquer de quelqu'un ou avait envie de vanner : "Pour faire de la télévision, c'est très simple. Il suffit d'être moche, donc tu as toutes tes chances !" C'est d'ailleurs Chantal et Bruno qui me présenteront quelque temps après M. Gosselin, le directeur de France 3 Nice-Côte d'Azur, celui qui me permettra d'effectuer mes grands débuts à la télé en 1985, j'avais 23 ans.* » Plus de quarante ans après son envol professionnel sur Radio Côte d'Azur, l'animateur-vedette de France 2 estime d'ailleurs que la radio constitue la meilleure autoroute pour ensuite bifurquer vers la télévision. « *Si un jeune me demandait : "Je veux faire de la télé. Quelle voie dois-je emprunter ?", je lui répondrais immédiatement : "Fais de la*

1. *Interview sur France Bleu Azur, lors du quarantième anniversaire de la naissance du réseau des antennes régionales de Radio France.*

radio !" La radio est une excellente école pour travailler à la télévision. Michel Drucker, Stéphane Bern, Cyril Hanouna, Christophe Dechavanne et Laurent Ruquier ont tous fait ou font de la radio... », note celui qui anime chaque jour *La Bande originale* sur France Inter.

C'est à l'occasion du Midem, le Marché international du disque et de l'édition musicale, qui se déroule chaque année à Cannes, au début de l'année, que le visage de Nagui fait irruption pour la première fois dans la petite lucarne. En dépit de son jeune âge, il a une grande connaissance musicale et ses qualités d'animateur sur Radio Côte d'Azur donnent satisfaction à la direction de la radio. Quand Chantal Lauby et Bruno Carette lui organisent un entretien avec le patron de FR3 Nice-Côte d'Azur, il sait que s'offre à lui une nouvelle chance. Pas question de la laisser passer. Nous sommes en 1986. Séduit par son envie de présenter un programme à la télévision, et soucieux également d'attirer un public de la génération de Nagui, le directeur de FR3 Nice-Côte d'Azur lui propose une première mission, à la fois excitante et périlleuse : animer, en tandem avec la chanteuse américaine Jeane Manson, en janvier 1986, la soirée d'ouverture du Midem sur la scène du Palais des festivals, devant tout le gratin de l'industrie musicale.

Mais en réalité, Nagui avait déjà un peu tâté de la télévision. En 1983, il était parvenu à décrocher une collaboration sur la chaîne TMC, alors propriété de la principauté de Monaco. Alors qu'il assurait l'animation de quelques soirées et, épisodiquement, des relations publiques du *Club 06*, une autre célèbre boîte de nuit cannoise, Nagui avait appris que le présentateur de

Club 06, une émission hebdomadaire de TMC associée avec la discothèque, était parti en congé. Il s'appelait Marc Toesca, devenu célèbre dès 1984, et jusqu'en 1991, en lançant *Le Top 50* sur Canal Plus avec son fameux cri de guerre, « *Salut les p'tits clous !* ». Originaire de Nice, il s'est fait les dents, comme Nagui, sur les ondes de radios pirates, en Italie et dans le sud de la France, avant que TMC ne l'engage. Sans hésiter, Nagui saisit l'occasion. Il envoya une lettre de candidature à TMC en précisant qu'il est prêt à travailler gratuitement. Un argument qui s'avère payant puisqu'il obtient le poste d'animateur de *Club 06*, à 21 ans, à la place de Marc Toesca ! Une attitude qu'il commentera plus tard : « *Je n'ai pas été très smart à l'époque, mais j'ai retenu la leçon : quand on me propose de prendre la place de quelqu'un, je lui passe toujours un coup de téléphone. C'est la moindre des corrections !* »

Durant cette édition du Midem 1986, Nagui coprésente donc le gala d'ouverture de cette 19e cérémonie en compagnie de Jeane Manson sur FR3 Nice-Côte d'Azur, mais aussi une série de courtes émissions où il reçoit quelques personnalités, comme Pascal Légitimus, venu assurer la promotion d'un disque des Inconnus. En visionnant les images archivées par l'INA, on se rend compte déjà de l'aisance de ce jeune animateur de 24 ans qui ne se laisse pas déstabiliser par l'humoriste. Côté look, Nagui arbore une tenue pas vraiment sexy, avec une chemise dont la couleur oscille entre le jaune moutarde et le marron usé. Heureusement, le reste de sa tenue est plutôt sobre par rapport à ce qu'on voyait à l'époque. Au niveau capillaire, c'est un Nagui furieusement bouclé qui dialogue avec Pascal Légitimus, mais il se rendra vite compte qu'il vaut mieux changer de coupe. Adossé à une balustrade avec un cendrier fumant à ses côtés, le jeune présentateur paraît très pro devant les caméras en dépit de son inexpérience et se paie même le luxe d'improviser. Pour démarrer son entretien, avec le style cool et souriant qui deviendra sa marque de fabrique cathodique, il commence par une petite « vanne » au sujet de la chanson « Juke-Box », tirée du film *Le Téléphone sonne toujours deux fois*, une comédie dont Les Inconnus sont les héros. Il a une bonne voix, une belle gueule, le sens de l'humour et de la « tchatche » : ce jeune collaborateur de Radio Côte d'Azur va en bluffer plus d'un à l'occasion de cet événement international, inauguré en grande pompe le 28 janvier 1986 par l'influent et puissant ministre de la Culture d'alors, Jack Lang. En découvrant cet inconnu, Monique Le Marcis, l'incontournable directrice artistique et de la programmation musicale de RTL depuis le début des années 1970 après y être entrée en 1959 comme secrétaire, sent de la graine de star chez ce jeune homme et finira par l'engager quelques années plus tard. « *Je l'ai tout de suite remarqué lors de cet événement à Cannes,* raconte Monique Le Marcis. *Il avait déjà cette gaieté, cette insolence et un anglais impeccable…* » Pourtant, la porte des studios légendaires de RTL, encore installée à cette époque dans la célèbre rue Bayard, ne s'ouvrira pas tout de suite. Nagui va d'abord parler devant les micros de deux autres stations de la bande FM avant de pénétrer dans le temple des radios périphériques nationales. Ambitieux et réaliste, il sait que cette montée en puissance dans l'univers des médias passe nécessairement par Paris.

Apprenant que la radio parisienne 95.2 FM[1] recrute de nouvelles voix, il postule sans hésiter avec l'aide de Jean-Pierre Bati qui envoie une cassette de son jeune animateur à son ami Alexandre Marcellin et à son collaborateur Yann Arribard. Même si le fait de quitter la Côte d'Azur et sa mère provoque en lui une vraie déchirure, à 24 ans Nagui a forcément envie de jouer dans la cour des grands. Sa candidature est aussitôt acceptée par Alexandre Marcellin qui se souvient : « *On devait être au printemps 1986 et j'ai tout de suite été conquis par sa voix en écoutant sa cassette de démonstration. Il avait vraiment du soleil dans les cordes vocales ! En plus, il s'exprimait dans un excellent français, ce qui changeait des animateurs pousse-disques de la bande FM d'alors, et il possédait une très grande culture en général, et musicale en particulier. J'ai tout de suite senti qu'il avait beaucoup de talent. On est devenus très potes, même si je devais m'éloigner un peu de 95.2 car RTL m'avait proposé d'animer des émissions à la même époque. Nagui a cet ADN des médias en lui depuis ses débuts. Il voulait déjà faire de la télé quand il travaillait à 95.2, mais pensait que son physique le défavoriserait. Je me rappelle qu'il s'interrogeait : "Comment je pourrais passer à la télé avec la tête que j'ai ?" Quand deux ans après, Monique Le Marcis, la patronne de RTL, me demanda ce que je pensais du possible recrutement de Nagui sur RTL, j'ai évidemment plaidé en sa faveur. Sa réussite ne me surprend pas car c'est un immense bosseur qui a tout compris à la production.*

1. *Radio fondée et dirigée en 1982 par Robert Namias – ancienne grande voix d'Europe 1 et futur patron de l'information de TF1 – avec Alexandre Marcellin à la direction des programmes.*

Et c'est un gars reconnaissant. Quand je le recevais dans C'est au programme *sur France 2 que j'ai coanimée avec Sophie Davant et Damien Thévenot pendant dix ans entre 2009 et 2019, il me présentait toujours comme son premier patron. On se voit beaucoup moins maintenant car je vis à Vaison-la-Romaine, mais dès qu'on se croise, c'est toujours chaleureux et convivial…* »

Aujourd'hui producteur de reportages et de documentaires en tandem avec son épouse Marie-Pierre Farkas, principalement pour le *13 h 15* présenté chaque week-end par Laurent Delahousse sur France 2, Alexandre Marcellin fut l'un des personnages les plus originaux de la télévision française dans les années 1980-1990, avec son partenaire Sam Choueka, grâce à leur tandem Groucho Business et Chico d'Agneau. Il a été aussi l'une des voix RTL à cette époque, après être passé par *Les Enfants du rock* sur Antenne 2 et Europe 1 où il réalisait plusieurs émissions. Son avis sur Nagui en tant que grand professionnel de la radio vaut donc son pesant d'or.

En débarquant dans la capitale, Nagui découvre son nouveau lieu de travail : des studios au premier étage du centre commercial de la tour Montparnasse, les émetteurs se trouvant au 57e étage. Et on lui confie une tranche horaire importante : la matinale de 6 heures à 9 heures. Au menu, outre la « tchatche » ensoleillée et l'humour *feel good* de Nagui qui ont tant séduit Alexandre Marcellin, beaucoup de musique et aussi des flashs d'informations présentés par une jeune journaliste, fraîchement arrivée de CVS, une petite station FM de Versailles, nommée Pascale Clark. Elle poursuivra le joli parcours que l'on sait sur Europe 1, France Inter et Canal Plus. Il y a également les chroniques décalées de Yolaine de la Bigne, devenue célèbre avec son magazine sur les tendances, *Quelle époque épique*, diffusé sur France Info à partir de 1989. Et aussi les news que présente Annie Lemoine qu'on retrouvera ensuite dans *Nulle part ailleurs*, aux côtés de Philippe Gildas, Antoine de Caunes et José Garcia sur Canal Plus. Certes, il ne restera que quelques mois sur les ondes de 95.2 FM, mais il y fera la connaissance de deux autres présentateurs, aussi méconnus que lui à cette période. D'abord, Thierry Beccaro, à qui il passe le relais pour la tranche 9 heures-12 heures et Laurent Boyer, qui présente le 14 heures-17 heures. 95.2 FM constituera donc un formidable vivier de talents aux registres différents qui compteront dans le paysage audiovisuel français. Dans l'univers de la FM d'alors, la concurrence joue à 100 % et les meilleurs animateurs qui tirent leur épingle du jeu par leur style et leur bagout deviennent de véritables vedettes radiophoniques chez les 15-30 ans, principaux auditeurs de ces stations, – NRJ, RFM, Skyrock, Kiss FM, Hit FM ou Radio Nova Carbone 14, dans un autre registre – qui s'imposent dans le paysage radiophonique et attirent les annonceurs publicitaires.

Quelques mois après son arrivée à 95.2 FM, Nagui est courtisé par Chic FM, un réseau de cinquante fréquences appartenant au puissant groupe de presse de Robert Hersant, alors propriétaire, entre autres, du *Figaro* et de plusieurs quotidiens régionaux.

En 1987, le groupe Hersant rachètera les six stations de Fun FM, et les fusionnera avec Chic FM pour constituer un nouveau réseau nommé Fun Radio, en pleine santé aujourd'hui. Sa programmation visait les jeunes adultes avec de la chanson française et des tubes anglo-saxons et ses studios sont basés à Neuilly-sur-Seine, dans les anciens locaux de la maison de disques d'Eddie Barclay. Nagui débarque donc à l'automne 1986 sur Chic FM qui compte dans son équipe Laurent Boyer, autre transfuge de 95.2 FM, et un certain Arthur pour l'animation, Yolaine de la Bigne et le regretté Paul Wermus parmi les chroniqueurs ou Pascal Bataille et Valérie Broquisse, la première épouse de François Baroin, dans l'équipe de journalistes. Quand la fusion se réalisera entre Chic FM et Fun Radio, en 1987, Nagui sera remercié tout comme Laurent Boyer. Il a bientôt 26 ans et cette bande FM va être le plus beau des tremplins pour celui qui, à 16 ans, disait à son frère Carim : « *J'ai envie de monter un parc d'attractions, de vendre du vent. Les gens paient, ils repartent, ils n'ont rien, je trouve ça génial…* » Son parc d'attractions ne sera pas celui qu'il imaginait.

3
LE DÉBUT DE LA GLOIRE

« *À 10 ans, je regardais Drucker à la télé, en disant : j'y serai. Plus que de faire de la télé, je voulais côtoyer des gens connus.* » Cette confession de Nagui, il y a une quinzaine d'années à *Libération*, va se concrétiser durant l'été 1987. Il y a eu l'expérience avec France 3 Côte d'Azur lors du Midem, et aussi une très éphémère collaboration avec Canal Côte Fleurie, une mini-chaîne TV, uniquement créée pendant le festival du film américain de Deauville et dont Nagui sera l'un des présentateurs. Une sorte de job estival après le départ de Chic FM. Mais depuis le 1er mars 1987, une nouvelle chaîne hertzienne a vu le jour : M6. Elle succède à TV6, sous la direction de son P-DG, Jean Drucker – frère de Michel – et de son directeur général, chargé de l'antenne et des programmes, Jean Stock, venu de RTL Télévision.

Avec peu de moyens, M6 se contente d'abord de diffuser beaucoup de musique avec des clips vidéo car elle s'adresse principalement aux jeunes. Et ce sont de jeunes et nouveaux visages qui sont chargés d'incarner l'image de cette télévision privée, la troisième sur le marché audiovisuel après Canal Plus, née en 1984, et La Cinq, lancée en 1985. Pour constituer cette équipe de jeunes pousses, les dirigeants de M6 recrutent Catherine Régnier, jusqu'alors directrice de la promotion à la maison de disques Warner. Une personnalité haute en couleurs qui a le flair pour dénicher les talents. À la fois autoritaire et chaleureuse, elle sera vite surnommée « La Reine Mère » par ceux et celles qu'elle embauche. Parmi eux, il y a Laurent Boyer et Nagui. Restés proches depuis leurs aventures communes à 95.2 FM et Chic FM, ils possèdent la même furieuse envie de bosser à plein temps pour la télévision. Ils conçoivent de multiples projets d'émissions, en solo ou en duo, et ont obtenu quelques rendez-vous avec des responsables de chaînes, en particulier Patrice Blanc-Francard, le directeur des programmes d'Antenne 2. Même s'il éprouve de la sympathie pour ces deux jeunes véritables « déconneurs » qui ont faim de tube cathodique, il les éconduit à chaque fois poliment en leur donnant rendez-vous l'année suivante. Au mois de juin 1987, Laurent Boyer passe un casting pour M6 à Boulogne-Billancourt dans les studios de VCF, un important prestataire technique. Deux jours après cette audition, alors qu'il se trouve à Sète pour les Journées Georges Brassens, il reçoit un appel téléphonique de Catherine Régnier : « *On t'engage, tu commences avec un premier contrat sur deux mois en juillet-août.* » Quelques jours après, c'est au tour de Nagui d'intégrer cette bande managée par Catherine Régnier, qui a énormément de tendresse et d'empathie pour cette « armée » de jeunes loups tout en étant parfois très dure, et dans laquelle on trouvera aussi Alexandre Debanne, Laurent Petitguillaume ou Mady Tran. Cette équipe travaille énormément et dans des conditions rudimentaires, avec des diffusions ou des tournages jusqu'à 3 heures du matin ! Et pour un modeste salaire de 10 000 francs, soit 1 500 euros par mois. Après avoir présenté *Sixième Avenue*, Nagui hérite de *Clip Dédicace*, précédemment animé par son ami « Lolo » Boyer, où il lance des clips tout en recevant des invités. Dans l'équipe technique, il fait la connaissance de Serge Khalfon, l'un des futurs grands réalisateurs de la télévision française d'aujourd'hui, rendu célèbre par Thierry Ardisson avec son fameux « Magnéto Serge ! » dans *Tout le monde en parle*. Nagui se lie d'amitié encore plus fortement avec un autre réalisateur de M6, Gérard Pullicino, surnommé « Pulliche » avec qui il constituera un duo professionnel peu commun et symbolisé, entre autres, par *Taratata*. Comme le contact est immédiat entre Nagui et « Pulliche », celui-ci lui demande d'apparaître à titre amical, parmi une trentaine d'autres figurants, dans la vidéo du groupe À Caus' des Garçons, qui triomphe au *Top 50* avec la chanson *À caus' des garçons*, composée par Alain Chamfort. Aux côtés du présentateur, il y a aussi l'humoriste Smaïn, l'acteur Jean-Pierre Kalfon et Alain Chamfort, tous en train de se trémousser derrière les chanteuses, Laurence Heller, styliste pour le magazine féminin *Elle* et épouse du photographe Jean-Baptiste Mondino, et Hélène Bérard, coiffeuse et maquilleuse pour le studio dans lequel ce clip dans le style cartoon fut mis en images. Des clips, M6 en produira 620 en quatre ans, dont le fameux *Joe le Taxi*, interprété par Vanessa Paradis et tourné au Luxembourg. À charge pour Nagui, Laurent Boyer, Alexandre Debanne et de leurs confrères de mettre en valeur ces produits maison représentant la principale « nourriture » de la chaîne qui en diffusera près de 30 000 par an pendant la période 1987-1990. Sans oublier de discuter ou de s'amuser avec tout le gratin de la chanson française qui, peu à peu, se bouscule au portillon de « la petite chaîne qui monte » comme s'en souvenait Laurent Boyer dans *M6 Story. La saga de la chaîne en trop*, le livre de François Viot et Marc Pellerin publié chez Flammarion en 2012 : « *Chez Nagui ou chez moi, tout le monde voulait passer dans nos émissions !* » Cela va de Claude Nougaro à Jean-Jacques Goldman en passant par Mylène Farmer ou France Gall. Et comme Canal Plus dans un autre registre, M6 permet à ses animateurs d'oser des choses qu'on ne voit pas sur les grandes chaînes historiques que sont TF1, Antenne 2 et FR3. Il n'y a pas beaucoup d'argent, alors il faut des idées, de la fantaisie, de la liberté. Tandis que « Lolo » Boyer n'hésite pas à passer l'aspirateur en direct tout en présentant *Starter*, une de ses émissions, Nagui prouve aussi qu'il a du culot. Un jour, il interviewe les frères Sirkis, leaders du groupe Indochine, et ne craint pas de baisser son pantalon, offrant en live le spectacle de son caleçon siglé… Indochine ! À croire que Nagui et Laurent Boyer se livraient une amicale compétition pour l'attribution du plus « gros déconneur » de M6. Pour le plus grand plaisir de Catherine Régnier qui les encourage dans cette voie, car cela augmente la notoriété de la jeune chaîne sans trop de contraintes au niveau de l'audience ainsi que le notera Nagui en 1989 dans une de ses premières grandes interviews pour *Ciné Télé Revue*, un hebdomadaire belge, alors très lu dans l'Hexagone : « *À M6, on ne vit pas au rythme de l'Audimat, mais au rythme des battements cardiaques…* »

Le présentateur fera ses gammes cathodiques sur cette nouvelle chaîne avec d'autres programmes comme *Fréquenstar* – dont il confiera ensuite les clefs à Laurent

Boyer avec la renommée que l'on sait –, *Sixième Avenue*, *Faites moi 6*, *Télé-Phone*, *Quizz Cœur* ou *Carrefour des musiques*. Grâce à la connexion naturelle existant entre M6 et RTL, les dirigeants des deux médias mettent au point quelques programmes en commun. Et c'est ainsi que Nagui anime sur M6, à la fin de l'année 1987, l'émission *Studio 22* depuis les studios de RTL, situés au 22 rue Bayard, dans le 8e arrondissement de Paris. Le jeune animateur se voit associé à Julien Lepers, l'une des vedettes de RTL depuis près de dix ans où il parle à des millions d'auditeurs avec *Challenger*, *Stop ou Encore* ou *Studio 22*. Le duo reçoit des vedettes de la chanson, face au public du grand studio de RTL. Monique Le Marcis, la grande prêtresse de la programmation musicale et aussi, en coulisses, des programmes de la radio, remarque une nouvelle fois ce garçon à la verve incroyable, très informé de l'actualité musicale et qui ne semble nullement impressionné face à Julien Lepers de douze ans son aîné. Elle se souvient de la prestation de Nagui un an auparavant, lors du gala du Midem en 1986 où ce débutant l'avait épatée. Elle lui avait même dit dans les coulisses : « *Vous avez le rire dans la voix !* » Henri Agogué, l'un des cadres historiques de RTL, dira de lui : « *Nagui est un intervieweur super doué.* » Dans la tête de Monique Le Marcis se dessine alors une sorte d'évidence. Son flair la trompe rarement : Nagui doit intégrer rapidement l'équipe de RTL sous peine d'être récupéré par les concurrentes Europe 1 ou France Inter. Cela amènera un peu de sang neuf et d'originalité sur les ondes de cette radio dont les grands noms s'appellent à cette époque Patrick Sabatier, Fabrice et sa *Case Trésor*, Anne-Marie Peysson, Philippe Bouvard et ses *Grosses Têtes*, André Torrent ou Francis Zégut pour les émissions de divertissement, ou encore Jean-Jacques Bourdin, Alain Krauss, Henri Marque, Jacques Chapus, Philippe Caloni et Philippe Alexandre pour l'information. Sans oublier le week-end, Julien Lepers et son fameux *Stop ou Encore*, Michel Denisot et Rémo Forlani avec leur *RTL Cinéma*, Évelyne Pagès, Georges Lang et Dominique Farran, les spécialistes de la musique rock. Une équipe de choc qui séduit l'auditoire et plus encore depuis l'arrivée, en 1985, de Philippe Labro à la direction générale des programmes. Le journaliste, également réalisateur de cinéma, écrivain et auteur de paroles de plusieurs chansons pour Johnny Hallyday, a compris comme Monique Le Marcis qu'un vent de renouvellement devait souffler sur RTL, mais sans non plus commettre l'erreur de bouleverser violemment les choses. Quelqu'un comme Nagui peut représenter pour RTL ce zeste de modernité qui manque un peu dans la grille des programmes. Pour ne pas laisser s'échapper l'oiseau rare, la direction de RTL décide de lui créer une tranche en plein milieu de la saison alors que les stations attendent généralement l'été pour tester de nouveaux concepts, ou le mois de septembre pour installer de nouveaux rendez-vous. Le tandem Labro-Le Marcis installe donc Nagui en février 1988, entre 20 heures et 21 heures, pour deux émissions musicales quotidiennes, d'abord *RTL an 2000* et *Satell'Hits*. Cela nécessite d'amputer de trente minutes le programme *Challenger* animé par Groucho Business – alias Alexandre Marcellin qui engagea Nagui sur 95.2 FM –, et Chico d'Agneau ainsi que le *Z comme Zégut*, que présente Francis Zégut, l'un des mastodontes de RTL et expert reconnu dans le domaine du rock. Comme nous le raconte un ancien technicien de RTL qui a préféré garder l'anonymat, cette arrivée de Nagui a un peu fait grincer des dents : « *Quand certains ont vu débarquer rue Bayard ce jeune de 26 ans, au beau milieu de l'année, ils n'ont pas apprécié. Je pense à deux ou trois grandes stars de la station, en particulier Patrick Sabatier, comme s'il sentait déjà le danger qu'incarnerait pour lui Nagui dans l'avenir, aussi bien sur les ondes RTL qu'à la télévision. C'est vrai que d'habitude, on met une nouvelle voix à une autre période de l'année. D'autres insinuaient que cet animateur au style très moderne et aux origines orientales pouvait gêner l'auditoire France profonde de RTL, très habitué à Fabrice, Philippe Bouvard, Anne-Marie Peysson, Évelyne Pagès, Jean-Jacques Bourdin ou Philippe Alexandre à l'information et bien sûr, Patrick Sabatier. Sans oublier Max Meynier qui devint la star des routiers avec* Les routiers sont sympas *ou* Fréquence Max *entre 1972 et 1986. Il fallait oser cette évolution sur une antenne périphérique nationale à forte audience familiale et populaire en programmant ce jeunot aux racines arabisantes, ce qui était une première pour l'époque. Je peux dire qu'il y avait un peu de racisme ou de mépris pour ce gars venu du Sud et de la bande FM, chez quelques cadors de RTL, qu'ils soient animateurs ou qu'ils soient cadres dirigeants. On disait même qu'il avait été embauché pour aller dans le sens de SOS Racisme, je l'ai entendu un matin devant la machine à café… Je pense que Nagui a forcément dû être au courant de ces insinuations et en a certainement souffert. Tout se savait et tout s'entendait dans les couloirs de la radio. Mais il y a d'autres présentateurs comme Alexandre Marcellin, qui ont, au contraire, sincèrement plaidé pour son recrutement lorsque Monique*

Le Marcis lui avait demandé son opinion en tant qu'ancien patron des programmes de 95.2 FM. Heureusement, Philippe Labro et, surtout, Monique Le Marcis, qui l'a véritablement materné à RTL dès son entrée à la station, ont su le protéger, lui donner confiance et le faire monter en puissance au fil des années en oubliant ces ragots et ces rumeurs malveillantes… »

Pour Nagui, qui avait pressenti dès ses débuts sur les radios FM que son identité originelle pourrait constituer un frein dans son parcours médiatique, ces bruits nauséabonds et ces « on-dit » vexatoires ne sauraient que le conforter dans son intuition. Comme le confirme Claude Hemmer, ancien directeur de la production et fidèle collaborateur de RTL entre 1977 et 2002, qui a bien connu Nagui dont il a réalisé les émissions quotidiennes *La Malice au pays des merveilles* pendant une année, entre 1994 et 1995 de 8 h 30 à 10 heures le matin : « *Je me souviens que son complexe était lié à ses origines. Il se demandait souvent si le fait d'être d'origine égyptienne et si son physique un peu typé n'étaient pas des handicaps par rapport aux autres animateurs de sa génération. Il avait presque du mal à accepter qui il était. Cela n'avait pas de sens, car Nagui était déjà un très grand bosseur, plus intelligent et plus cultivé que la moyenne, extrêmement exigeant envers lui-même et donc un vrai pro. Et pour moi qui ai travaillé avec toutes les grandes voix de RTL, il fait incontestablement partie des quatre meilleurs animateurs que j'ai connus avec Fabrice, Patrick Sabatier et Jean-Pierre Foucault. Il possède une très grande répartie, beaucoup d'humour, de l'imprévisibilité et une bonne empathie comme Jean-Pierre Foucault d'ailleurs.* » Entré à RTL à 20 ans, comme simple stagiaire le 1er mai 1977 à la rédaction de l'information, Claude

Hemmer deviendra réalisateur de différentes émissions de la station de la rue Bayard à partir de janvier 1981 et gravira les échelons jusqu'à diriger les productions de l'ensemble de la grille avant son départ en 2002 vers le groupe Bolloré d'abord, puis Radio France en 2004 où il restera jusqu'en 2014 à des postes de direction (France Bleu Sud Lorraine, France Bleu Île-de-France, 107 FM). Désormais consultant et conseil en formation audiovisuelle avec sa société CH Conseil tout en étant membre du CTA de Caen (l'antenne régionale du CSA pour la Normandie), Claude Hemmer conserve un souvenir très vivace de Nagui même s'il lui reconnaît quelques défauts : « *Si je n'ai travaillé au quotidien uniquement pendant une année avec Nagui, c'est parce qu'il n'aimait pas être dirigé et il ne supportait pas la moindre critique. C'est pour moi son principal défaut : il n'aime pas être conseillé, même si après, il peut revenir sur son choix mais sans le reconnaître. Pour que nos relations professionnelles ne tournent pas au vinaigre entre nous, j'avais donc préféré arrêter la réalisation de ses émissions* La Malice au pays des merveilles, *quand il a remplacé Patrick Sabatier entre 8 h 30 et 10 heures. Nos rapports sont restés très cordiaux. J'ai même retravaillé dans sa structure quand il avait été remercié par RTL sur un projet de radio numérique qu'il voulait appeler… RTL (Radio Temps Libre) afin d'ennuyer la station qui s'était séparée de lui en 2006 après dix-huit ans de bons et loyaux services ! Il avait trouvé avec Pierre Aubertin, hélas disparu en juillet 2019 dont il était très proche, et aussi Alain Ruyer, qui nous a quittés en mars 2021, deux autres réalisateurs sans doute plus conciliants que je ne l'étais. Et je peux comprendre son état d'esprit : il a très vite créé sa société de production de télévision où il dirigeait lui-même des gens, il ne pouvait donc que très difficilement admettre qu'on le dirige dans son studio de radio. Mais humainement, Nagui était apprécié à RTL, contrairement à Patrick Sabatier qui ne faisait pas du tout l'unanimité des collaborateurs de la station avec sa personnalité. Comme c'était le roi de l'audience, la direction ne pouvait pas provoquer un clash avec l'ancien présentateur du* Jeu de la vérité *sur TF1. Je me souviens que Philippe Labro me disait même à son sujet : "C'est insupportable la façon dont se comporte Sabatier…" Ce qui plaisait chez Nagui à RTL, c'est qu'il se comportait dans la vie comme lorsqu'il se retrouvait devant son micro : avec de la bonne humeur, de la joie, des vannes et du soleil dans la voix.* » Et si l'extraordinaire carrière de Nagui ainsi que sa longévité ne surprennent nullement l'ex-directeur de la production de RTL, il y a une chose, et pas des moindres, qui l'a dérouté : « *Nagui, qui a toujours été un fou de musique, m'a confié à plusieurs reprises qu'il n'animerait jamais de jeux à la télévision ! "Ce n'est pas du tout ma came", aimait-il à le dire. Aujourd'hui, cela prête à sourire, évidemment. Mais c'est un garçon très intelligent qui a compris qu'il devrait emprunter cette route des jeux TV pour atteindre le niveau où il se trouve aujourd'hui…* » Tout en animant ses émissions musicales comme *Satell'Hits*, *Challeng'Hit*, *RTL an 2000*, *Génération Laser* dans la semaine, entre 19 heures et 21 heures, Nagui prend également en main, dès septembre 1988, le fameux *Studio 22*, chaque dimanche en fin d'après-midi, de 18 h 30 à 20 heures, en succédant au titulaire Julien Lepers. Les patrons de RTL font confiance à leur nouvelle recrue pour recevoir en public de grands noms de la chanson française ou de la pop internationale. Ce qu'il fera aisément car il parle très bien anglais, un atout plus que rarissime à l'époque – et encore aujourd'hui – chez les présentateurs et les journalistes français. Et sa connaissance musicale n'est plus à démontrer. Comme le remarquent dans leur album *RTL : 40 ans ensemble*, paru en 2006, Jean-Pierre Defrain et Jacques Boutelet, qui furent deux grands noms de l'info sur la station, « *rapidement, Nagui devient l'un des animateurs préférés des auditeurs. Tantôt complice, tantôt provocateur, fréquemment malicieux…* ». Un aspect de son tempérament dont le tandem Philippe Labro-Monique Le Marcis va se servir en lui confiant dès septembre 1991 une tranche horaire encore plus exposée et déterminante pour une radio périphérique nationale : le 8 h 30-10 heures. Certes, il ne s'agit pour l'instant que du vendredi afin de remplacer Patrick Sabatier et son émission *Les Ambassadeurs*, de repos ce jour-là, mais pour Nagui, un palier supplémentaire est franchi, d'autant qu'il s'agit de *Départ immédiat*. Un jeu avec les auditeurs, lui qui avait juré à Claude Hemmer et à d'autres collaborateurs de RTL qu'on ne l'y prendrait pas sur ce terrain. Mais comment refuser une telle proposition de la part des patrons de la station de radio la plus écoutée de l'Hexagone ? Et cerise sur le gâteau : il peut continuer la présentation dominicale de *Studio 22*. Grâce à *Départ immédiat*, Nagui démontre chaque vendredi son sens du contact avec l'auditoire de RTL. Il en profite aussi pour s'offrir quelques escapades aux frais de la radio. Le cadeau de ce jeu étant un magnifique voyage, il accompagnera ainsi des gagnants aux États-Unis, en octobre 1991. Durant cette escapade, l'animateur passe notamment plusieurs jours à Dallas, au Texas, où il découvre les particularités locales. Promenades en cheval en véritable tenue de cow-boy, séance d'essayage des célèbres chapeaux Stetson ou apprentissage du maniement d'un lasso : Nagui prend du bon temps ! Il atteint les audiences, quand il ne les dépasse pas, de Patrick Sabatier, la star de RTL du lundi au jeudi. « *Patrick était certes content de souffler le vendredi, car il cumulait radio et télé,* se souvient un ancien journaliste de la station, *mais il s'inquiétait des prouesses et des bons résultats de Nagui, plus jeune que lui et qui représentait une véritable menace pour son statut doré. Il me disait souvent que Nagui ne devrait s'occuper que de la musique et qu'il ne comprenait pas le choix de Philippe Labro, suggéré par Monique Le Marcis…* » Lorsque Patrick Sabatier fut condamné en juin 1993 à trois ans de prison dont dix-huit mois avec sursis et à une amende de 250 000 francs pour fraude fiscale, c'est Nagui qui fut chargé de le remplacer, en urgence, du jour au lendemain, dans son émission *Les Ambassadeurs.* Un nouveau signal de sa montée en puissance au sein de RTL. Lorsqu'il prendra véritablement la relève de Sabatier, en septembre 1994[1], Nagui va prouver le contraire de ce qu'il affirmait : le jeu, c'est sa came ! Avant de le propulser à 8 h 30 chaque jour de la semaine, ce qui représentait une véritable consécration pour lui qui n'avait pas encore 33 ans et commençait aussi à cartonner à la télévision, la direction de RTL l'a testé de 10 heures à 11 heures avec un autre jeu, *Le*

1. *Patrick Sabatier sera évincé de TF1, à la fois pour ses problèmes fiscaux mais aussi pour les conséquences de l'affaire du « faux mage », en décembre 1990, dans son talk-show sur TF1,* Et si on se disait tout. *Cela lui vaudra une inculpation, avec son épouse Isabelle, pour complicité d'escroquerie et complicité d'exercice illégal de la médecine.*

Cékoidon. « *À la rédaction*, raconte un ancien reporter de RTL qui fut longtemps spécialisé dans l'actualité de la culture et du show business, *on se disait que ce gars était capable de tout pour réussir. Il pouvait aussi bien bavarder et jouer avec une ménagère de la Lozère ou une grand-mère retraitée de Lorraine pour leur faire gagner un cadeau dans* Le Cékoidon, *que d'interviewer Sting en anglais ou discuter avec Julien Clerc dans* Studio 22, *le dimanche. Une belle performance même si cela démontrait une ambition forcenée, celle d'un présentateur voulant un peu bouffer à tous les râteliers pour ne pas quitter l'antenne. Il y a de cela chez Nagui, un mélange de vrai professionnalisme et pas mal de cynisme comme tout bon businessman qui se respecte. Mais force est de constater que cela a porté ses fruits et que sa stratégie de carrière a fait sa fortune...* »

C'est avec *Le Cékoidon*, lointain successeur de *La Chose* ou du *Tirelipot*, qui firent les grandes heures de Radio Luxembourg dans les années 1960, que Nagui se liera d'amitié avec Pierre Aubertin, l'un des meilleurs réalisateurs de la station auprès de qui il apprendra beaucoup. Comme le soulignait *Le Monde*, dans son édition du 10 octobre 1993 : « *C'est quoi donc ? Tous les jours, sur la première radio de France, les auditeurs tournent autour du* Cékoidon, *un homonyme longuement mûri par Pierre Aubertin, le réalisateur de l'émission, qui "vit dans les dictionnaires" et connaît les bonnes recettes pour faire vivre les mots. Son "bidule" a tenu dix-huit jours, et sa "souris" (l'animal, et le sourire) presque autant. Modeste, il sait pourtant que, dans ces "jeux basiques, c'est la personnalité de l'animateur qui porte l'émission". Depuis la rentrée de septembre, Nagui s'est vu confier cette mission. Preuve que, au-delà du marketing d'un slogan, la radio de la rue Bayard souhaite un vrai "renouveau". Car au micro du* Cékoidon, *Nagui succède à Jean-Pierre Foucault, qui le tenait depuis trois ans. Signe des temps...* » En septembre 1994, en prenant vraiment les commandes du 8 h 30-10 heures avec *La Malice au pays des merveilles*, qui deviendra ensuite *La Malice*, Nagui brillera de tous ses feux dans l'univers du jeu radiophonique avec un concept très bien huilé et mis en valeur chaque jour par son réalisateur attitré, Pierre Aubertin : un invité différent est reçu autour d'un thème (culture, histoire, cinéma, sport) qui donne lieu à un questionnaire. Cinq auditeurs, préalablement sélectionnés, sont invités à répondre. Le meilleur se voit offrir un voyage vers une destination lointaine pour deux personnes. Le standard de RTL sera régulièrement et littéralement assiégé par 20 000 aficionados qui tentent leur chance à cet horaire matinal. Avec ses 2,5 millions d'auditeurs, Nagui fera un tabac dans cette tranche horaire (8 h 30-10 heures) qui, d'habitude, ne permettait pas de faire grimper l'audimat à un tel niveau ! Mais ce triomphe ne surprend nullement Monique Le Marcis qui considère Nagui comme l'un de ses « enfants » en radio et à qui l'animateur doit énormément dans son parcours : « *C'est un vrai animateur, au sens propre du mot* », explique cette véritable légende de RTL, aujourd'hui âgée de 85 ans, qui favorisa l'éclosion à l'antenne de Patrick Sabatier, Michel Drucker et Julien Lepers. Elle fut aussi la première à croire à des artistes comme, entre autres, Joe Dassin, Julien Clerc, Michel Sardou, Maxime Le Forestier, Mike Brant, Michel Fugain, Alain Souchon, Yves Simon, Alain Chamfort, Patricia Kaas, Julio Iglesias, Jean-Jacques Goldman,

Francis Cabrel, Étienne Daho ou Daniel Balavoine qu'elle programma sur RTL dès leurs débuts ! « *Je me souviens,* raconte-t-elle, *lui avoir dit quand je l'avais remarqué au Midem, qu'il représentait pour moi l'animateur du futur et des années 2000. Il avait tout pour devenir un animateur-vedette de la station : la gaieté, la bonne humeur, une élocution impeccable, de la culture, la maîtrise de l'anglais, du soleil dans la voix. Et j'ai remarqué qu'il avait le goût de réussir. Il était certes très doué, mais Nagui éprouvait le besoin de réaliser quelque chose dans sa vie. Il avait toujours des idées qu'il fallait souvent canaliser. Mais on peut dire qu'il a été façonné par RTL et c'est l'un des deux ou trois meilleurs de sa génération. C'est vraiment l'un de mes "bébés" à la radio, l'un de mes tout derniers. Il m'appelait "Ma reine Monique" ! Il m'a même confié que c'est en animant* Studio 22 *le dimanche sur RTL qu'il avait eu l'idée de faire* Taratata *pour la télévision. Cela m'a touchée, tout comme il m'avait vraiment émue lorsqu'il m'invita au ministère de la Culture quand il devint chevalier des Arts et Lettres en 2011. J'avais quitté RTL depuis quinze ans, cela montre sa fidélité et sa gentillesse…* » Monique Le Marcis confie aussi que tout n'a pas été facile avec son protégé, particulièrement lors de ses débuts à RTL : « *Avec mon amie de M6 Catherine Régnier, qui nous a hélas quittés et qui a aussi donné sa première chance à Nagui à la télé, on savait que nous avions affaire à un vrai talent et aussi à une personnalité très affirmée. Mais sur RTL, il faisait parfois preuve de trop d'insolence au micro, avec aussi de la provocation qui pouvait très mal passer. J'ai vraiment dû le calmer, car il ne craignait pas d'aller trop loin dans l'irrévérence. Et il a frôlé le licenciement à deux reprises car certains membres de la direction de RTL ne supportaient plus son style et sa façon de s'exprimer. Je l'ai donc sauvé à deux fois alors qu'il allait vraiment être mis à la porte de la rue Bayard. Je me rappelle qu'un des patrons de RTL m'avait carrément dit un vendredi : "On arrête avec Nagui, vous avez le week-end pour lui trouver un remplaçant !" Je me suis longuement expliqué dans mon bureau avec Nagui, et comme c'est un garçon très intelligent qui n'aime pas l'échec, il a rapidement compris la leçon et a su mettre de l'eau dans son vin pour mieux s'adapter au ton de RTL. Heureusement pour lui, car sa carrière aurait pu prendre un tout autre tournant...* » Avec Monique Le Marcis, le présentateur de *Tararata* aura trouvé une vraie « maman » à RTL, même si cela pouvait provoquer quelques jalousies de la part d'autres noms de la station. « *Encore plus que Philippe Labro*, raconte un ancien réalisateur de RTL, *elle a toujours défendu, protégé, aidé, favorisé, conseillé et materné Nagui. Sans elle, il n'en serait pas là et il le sait. Patrick Sabatier voyait d'un mauvais œil cette proximité entre Monique et ce jeune loup venu du Sud, d'autant qu'elle avait également été la première à déceler le grand potentiel de Sabatier en 1977 et qu'ils entretenaient aussi un lien quasi familial. C'est un peu comme si Monique s'occupait un peu plus de son nouveau "bébé" radiophonique, en l'occurrence Nagui et au détriment de Patrick. En plus, Nagui est né la même année que la fille de Monique, elle pouvait un peu le considérer comme son fils professionnellement parlant.* » Une image que Monique Le Marcis réfute immédiatement lors de notre entretien : « *Cela n'a jamais été le cas ni mon intention. Et je ne parle jamais d'une éventuelle compétition entre Patrick et Nagui. D'abord, parce que Nagui n'a jamais eu cette sorte d'ambition dévastatrice qui donne l'envie d'éliminer un concurrent et piquer la place de l'autre. Non, comme je vous l'ai dit, il a le goût de la réussite, c'est autre chose. Et puis, il n'y a rien de plus normal qu'un animateur expérimenté craigne l'arrivée d'un nouveau venu. Cela a été peut-être le cas de Patrick Sabatier avec Nagui, mais comme d'autres avant lui sur RTL, et j'en ai beaucoup connu.* »

Nagui ne pouvait pas tomber en de meilleures mains. Partie de RTL le 3 octobre 1996 après plus de trente ans de bons et loyaux services, Monique Le Marcis a été une « géante » de la radio et du show business français. Quelques semaines avant ses adieux, une fête surprise fut organisée le 26 septembre au restaurant *Le Doyen* pour célébrer son départ par Laurent Voulzy, avec la complicité d'Alain Souchon, Alain Chamfort, Maxime Le Forestier, Jean-Jacques Goldman et Yves Simon. « Mes mousquetaires de la chanson », comme elle les surnommera plus tard. Sans qu'elle ne se doute de rien, elle suit un ami au *Doyen* avant un dîner professionnel à *La Tour d'Argent* et arrive dans une salle plongée dans l'obscurité. Soudain, des dizaines de briquets s'allument et une chorale entonne la célèbre chanson *Hey Jude* des Beatles. Lorsque la lumière du restaurant réapparaît, Monique Le Marcis se retrouve face à 80 chanteurs et chanteuses, venus lui rendre hommage et chanter pour elle seule, tout au long d'une soirée inoubliable. Ils sont quasiment tous là : son grand ami Johnny Hallyday, Michel Sardou, Charles Aznavour, Patrick Bruel, France Gall, Eddy Mitchell, Serge Lama, Véronique Sanson, Sylvie Vartan, Sheila, Francis Cabrel, Renaud, Julien Clerc, Guy Béart, Catherine Lara, Indochine, Didier Barbelivien, Dave, Michel Jonasz,

Pascal Obispo et tant d'autres. Et les absents appelleront depuis l'étranger comme Michel Polnareff à Los Angeles, Julio Iglesias à Miami, Étienne Daho d'Ibiza ou Patricia Kaas de New York ! Que des artistes, pas de directeurs de maisons de disques, pas d'attachés de presse, pas de producteurs ou d'animateurs. Il faudra plusieurs semaines à la grande patronne de RTL pour se remettre de cette charge émotionnelle engendrée par ce moment extraordinaire. Dans son livre, *Les Choses qu'on ne dit pas*, paru chez l'Archipel en 2006, Yves Duteil écrira ces phrases affectueuses : « *Monique, vous avez couvert de votre aile toute une génération d'artistes "sauvés des ondes", et si beaucoup sont encore là pour le dire, c'est qu'ils ont pu prendre leur envol et franchir grâce à vous, le mur du son qui, dans notre métier, est trop souvent un mur de silence.* » Des mots que Nagui pourrait aisément reprendre à son compte tant le rôle, l'influence et l'affection maternelle de Monique Le Marcis auront été déterminants dans sa trajectoire vers les sommets de RTL, la radio la plus écoutée de France. De la station radiophonique numéro un dans l'Hexagone à la première chaîne de télévision française, il n'y a qu'un pas pour Nagui qui est très vite repéré par Dominique Cantien, alors directrice des variétés de TF1, devenue la propriété du groupe Bouygues depuis sa privatisation en 1987, et dirigée par le tandem Patrick Le Lay, comme P-DG, et Étienne Mougeotte, patron de l'antenne et des programmes. Dominique Cantien, qui a lancé les carrières d'Arthur, Antoine de Caunes, Nicolas Hulot (dont elle fut la compagne pendant près de dix ans), Christophe Dechavanne, Frédérique Bedos, Alexandre Debanne ou Éric Galliano, a vite adoré le ton malicieux et décapant de Nagui. Elle l'engage sur la Une pour assurer la présentation d'un talk-show de troisième partie de soirée, *Et puis quoi encore ?*, chaque vendredi à 23 h 35, à partir du mois d'octobre 1989. Dans ce magazine produit par Gérard Louvin, qui triomphe déjà avec la production de *Sacrée Soirée* animée par Jean-Pierre Foucault, Nagui reçoit deux invités, un chanteur et un acteur, qui réagissent sur des images d'actualité ou d'archives sur n'importe quel sujet, tout en faisant leur promotion pour un disque, un long-métrage ou un spectacle. Une séquence intitulée *Bide Parade* classe les personnalités les plus « nulles » de la semaine, tous horizons confondus. Le tout dans un décor de hangar made in USA avec de vieilles voitures de collection, comme de belles Chrysler ou de magnifiques Cadillac. « *Très vite, toutes les stars de la chanson sont venues dans cette émission qui ne faisait pas du tout d'audience, mais qui était d'une originalité de ton absolue. Nagui était très bon, j'étais contente de voir que je ne m'étais pas trompée sur son talent* », écrit Dominique Cantien dans son autobiographie, *Avec eux*, parue en 2011 chez La Martinière. On pouvait voir aussi bien Patrick Bruel que Marc Lavoine ou Gérard Jugnot et Smaïn se prêter avec plaisir et drôlerie aux questions ou plaisanteries de Nagui. Parfois, les invités abusent du vin rouge ou du champagne dans les loges et cela donne des scènes cocasses comme celle où le présentateur demande à Lio si elle éprouvait du trac quant à la sortie de son film à venir, *Chambre à part*, signé Jacky Cukier où elle donne la réplique à Jacques Dutronc et Michel Blanc. Mais la chanteuse-actrice met du temps avant de répondre : « *Il est déjà sorti, mon vieux !* » Et l'interprète de *Banana Split* de partir alors dans un grand fou rire qu'elle ne maîtrise plus, une coupe de champagne à la main, face à un Nagui à la fois un peu gêné et rieur aussi. Pourtant, Dominique Cantien aura éprouvé les pires difficultés à imposer Nagui sur l'antenne de TF1. Comme elle le reconnaît elle-même, il y avait des dirigeants réellement racistes à la télévision française en général, et quelques-uns dans l'état-major de TF1 en particulier, qui s'opposèrent à la venue de Nagui en raison de ses origines orientales. « *Cela ne marchera pas avec lui, parce qu'il est arabe !* » s'entendait répondre Dominique Cantien. « *Il est évident*, écrit-elle, *que nous sommes un peuple qui n'a pas accepté la différence aussi vite et pleinement qu'il aurait dû. La télévision étant un miroir grossissant, j'étais obligée d'intégrer les remarques qu'on me faisait mais je me disais que le talent de Nagui et son "envie d'avoir envie" dépassaient largement les objectifs qu'on pouvait émettre sur son origine et son patronyme* », constatait cette *wonder woman* du petit écran dans son ouvrage, *Avec eux*. Alors qu'elle essuie refus sur refus avec les concepts imaginés par Nagui qu'elle trouve très créatifs, elle décide de prendre les choses en mains. En vacances avec Nicolas Hulot dans la maison du futur leader écologiste, à Dinard, elle demande à Nagui de les rejoindre le plus vite possible pour rencontrer le P-DG de TF1, Patrick Le Lay, qui possède une résidence juste à côté, à Saint-Lunaire. Aussitôt dit, aussitôt fait. Nagui arrive quatre heures plus tard, après avoir roulé en trombe dans sa Porsche. Le rendez-vous a lieu au Grand Hôtel de Dinard. Dominique Cantien « vend » littéralement à son patron les qualités du jeune présentateur de RTL : « *Ce garçon est né pour faire de la télévision, il faut absolument qu'on tente au moins un test avec lui, une émission, un soir…* » Et Patrick Le Lay de donner son feu vert à celle qui a toute sa confiance et qui régnera sur les divertissements de la Une entre 1987 et 1994. Pourtant, *Et puis quoi encore ?* ne rencontrera pas son public et sera supprimée à la fin de l'année 1989, soit trois mois après son lancement. Cet échec serait-il dû à la personnalité atypique de Nagui ? Dominique Cantien ne le croit pas avec le recul : « *Je pense que cela n'a rien à voir avec "la couleur de la peau". Elle n'a pas marché parce que c'était diffusé très tard le soir et qu'elle s'adressait à un public de jeunes qui, à cette heure-là, n'étaient pas devant leur poste de télévision. Souvent, quand une émission ne marche pas, ce n'est pas parce qu'elle est mauvaise, mais parce qu'elle est mal programmée en termes d'horaire. Je pense qu'*Et puis quoi encore ? *était programmée à cette heure-là parce que le test accepté par TF1 l'était juste pour me faire plaisir, et non pas pour essayer vraiment Nagui et mesurer son potentiel. En même temps, cet échec l'a servi parce qu'il en a retenu les leçons et qu'il est devenu l'animateur et le producteur que l'on connaît.* » Dominique Cantien, aujourd'hui âgée de 67 ans et retraitée, retrouvera Nagui lorsqu'elle accédera à la direction de la création artistique de France 2 entre 1994 et 1995, pour sa célèbre émission *N'oubliez pas votre brosse à dents*, un concept acheté par le présentateur à la chaîne britannique Channel Four. Après le bide de *Et puis quoi encore ?* sur TF1, Nagui ne craint pas le chômage puisqu'il conserve ses émissions sur RTL où il prend du galon, mais se pose des questions incessantes et importantes sur son futur cathodique. Ainsi que s'en souvient un ancien assistant de production sur *Et puis quoi encore ?*, l'animateur avait un véritable complexe avec ses origines orientales : « *Nagui me disait souvent : "Je n'y arriverai jamais avec la tronche que j'ai et avec mon prénom !" Il avait la sensation qu'en tant qu'Arabe, le public ne l'accepterait jamais et comme il était au courant des réticences de certains dirigeants de TF1 ou d'autres chaînes à le recruter en raison de son profil atypique, son angoisse était démultipliée. Quand je lui rétorquais que son succès sur RTL prouvait que les gens ne tenaient pas compte de son pedigree, il me répondait avec l'humour et la malice qu'on lui connaît : "Mais c'est parce qu'ils ne voient pas ma tête d'Égyptien !" J'avoue que moi-même, je pensais qu'en dépit de son incroyable talent, il pourrait avoir des difficultés à imposer son style, sa tchatche assez déroutante et même sa "gueule" dans le tube cathodique. On était en pleine montée du Front national, avec un Jean-Marie Le Pen ultra-présent sur tous les plateaux de télévision, et la diversité sur le petit écran était quasiment inexistante à la fin des années 1980 et au début des années 1990. C'est tout ça qui le faisait douter, il se trompait finalement, et moi aussi. Avec le recul, j'ai même plutôt honte d'avoir pensé cela, mais dans le contexte d'alors, Nagui n'avait pas vraiment tort…* » Pourtant, Nagui ne va pas attendre longtemps pour revenir en force dans la petite lucarne. En profitant des bouleversements dans le paysage audiovisuel qui s'opèrent à cette période, le jeune présentateur qui monte sur les ondes de RTL s'embarque dans une nouvelle aventure télévisuelle qui rimera avec succès, dans un secteur où il ne se serait jamais imaginé et qu'il n'apprécie guère : les jeux. Le 23 octobre 1990, le Conseil supérieur de l'audiovisuel accorde La Cinq au groupe Hachette, qui promet de « sauver La Cinq ». Après avoir été créée par le duo franco-italien Jérôme Seydoux et Silvio

Berlusconi, en 1985, avec la bénédiction de François Mitterrand et de son ministre de la Culture Jack Lang, c'est le magnat de la presse Robert Hersant qui reprend le flambeau de La Cinq aux côtés du milliardaire transalpin. Mais en raison des dettes accumulées depuis 1987, et l'échec d'une grande partie des programmes mis à l'antenne, Robert Hersant reproche à Berlusconi de vendre ses fictions américaines à un prix beaucoup trop élevé. L'Italien estime que le propriétaire du *Figaro* ou de *France Soir* qu'est Hersant accorde beaucoup trop de place à l'information, la jugeant coûteuse et non rentable. Craignant de graves difficultés financières pour son groupe de presse, Robert Hersant, après un combat judiciaire, choisit de céder ses parts dans La Cinq au groupe Hachette présidé par Jean-Luc Lagardère. Candidat malheureux au rachat de TF1 en 1987, celui qui possède Europe 1 saute sur cette occasion car il rêve depuis longtemps d'acquérir une chaîne de télévision nationale. Dès sa prise de contrôle, Lagardère et son état-major changent tout sur la Cinq, en commençant par l'identité de la chaîne. Jean-Luc Lagardère nomme à la direction des programmes Pascal Josèphe, qu'il vient de débaucher d'Antenne 2, afin de lancer de nouvelles émissions originales ayant la griffe Hachette et qui doivent transformer La Cinq en une grande chaîne familiale généraliste pouvant concurrencer TF1, devenue une véritable poule aux œufs d'or pour le groupe Bouygues. En réalité, la nouvelle Cinq est aussi dans l'obligation de produire des nouveaux programmes parce que le stock de séries américaines, détenu par Silvio Berlusconi, s'est considérablement raréfié. À partir d'avril 1991, Pascal Josèphe, qui a carte blanche et toute la confiance de Lagardère, installe sur l'antenne une grille d'access prime time qu'il destinait à Antenne 2 et qu'il a modifiée. Quand la productrice Simone Harari-Halberstadt, patronne de la société Télé Images, propose à Pascal Josèphe, ancien bras droit d'Hervé Bourges à TF1, le format d'un jeu venu de Grande-Bretagne, le patron des programmes de La Cinq dit banco, sans vraiment non plus croire à un grand succès. Il s'agit de *Que le meilleur gagne !*, un jeu télévisé adapté du concept britannique « *Everybody's Equal* », créé par Mitchell Symons et Chris Kwantes pour Celador, distribué par la société d'origine australienne Reg Grundy Productions et diffusé depuis le 7 juin 1989 sur la chaîne anglaise ITV. Pour animer ce nouveau rendez-vous, Simone Harari-Halberstadt mise sur Nagui. Cette grande professionnelle des médias, énarque et diplômée de Sciences-Po de surcroît, a du flair. Trois ans plus tôt, elle a propulsé vers les sommets Julien Lepers et *Questions pour un champion* sur France 3. Les Français adorent les sitcoms qu'elle produit depuis le début des années 1980 comme *Maguy*, *Marc et Sophie* ou *Vivement lundi !*. Pour Nagui, le challenge ressemble à une sorte de quitte ou double. Si les téléspectateurs ne montrent pas d'intérêt pour cette nouvelle émission plutôt inédite au niveau de sa mécanique et très ludique, ce serait un nouvel échec après celui de *Et puis quoi encore ?*. Si le public ne manifeste pas d'empathie pour cet animateur de RTL, cela confirmerait ce qu'il craint depuis ses débuts : les Français n'affectionnent pas les « garçons de son genre ». C'est donc le 4 mars 1991, à l'âge de 29 ans, que le Nagui bateleur innove dans sa carrière, vêtu d'un costume-cravate très coloré, en animant ce jeu d'un nouveau genre avec 200 candidats chaque jour à midi, sur La Cinq. C'est la première fois en France qu'autant de candidats se retrouvent sur un plateau de télévision pour jouer tous ensemble. Ils sont tous soumis à de nombreuses questions de culture générale à choix multiples (4 propositions) en espérant aller en finale et décrocher les 10 000 francs. À chaque fois qu'un candidat répond faux à une question ou se trompe de bouton, il est éliminé et se voit le plus souvent taquiné par Nagui en grande forme qui n'hésite pas à raconter une anecdote ou à mettre en avant un de ses défauts. Cette première manche s'achève sur une question de rapidité qui permettra de sélectionner 10 candidats pour la deuxième partie du jeu. Cette dernière se déroule dans les mêmes conditions que la première partie mais donc avec un nombre restreint de candidats. Il ne doit rester que deux personnes. Une seule pourra aller en finale pour décrocher le gros, avec une règle et des gains qui évolueront quelque peu au fil des années. Semaine après semaine, *Que le meilleur gagne !* devient l'un des très rares rendez-vous plébiscités par le faible public de la nouvelle Cinq qui ne trouve pas ses marques. Il y a trop de séries de seconde zone, trop de sport, et l'information a subi des changements puisque Guillaume Durand, la star des JT de 20 heures, a été remplacé par Béatrice Schönberg et Gilles Schneider. Même Marie-Laure Augry et son journal de 12 h 45 ou Jean-Claude Bourret pour les news du week-end ne sauvent pas la face. Hormis Nagui, qui assure aussi l'animation estivale en juillet 1991 de *À nous la Cinq*, un petit module où les téléspectateurs choisissent la série diffusée en prime time, le paquebot La Cinq se dirige droit vers le naufrage. La mayonnaise mijotée par Pascal Josèphe ne prend pas et Jean-Luc Lagardère aura ce mot cinglant envers son directeur des programmes en qui il croyait pourtant beaucoup : « *Avec Pascal Josèphe, on m'avait promis le prix Nobel. J'ai vu le prix, mais je n'ai pas vu le Nobel !* » Pour Nagui, il y a aussi l'avantage de ne pas travailler dans les locaux mêmes de La Cinq, situés boulevard Pereire, tout près du palais des Congrès dans le cossu 17ᵉ arrondissement de Paris. Car l'ambiance est pesante et à couteaux tirés entre le personnel qui sent vaciller la chaîne et la direction de l'entreprise qui sent que cela ne pourra pas durer encore trop longtemps. L'animateur, payé par Télé Images, enregistre son jeu au Village de la Communication, à Saint-Ouen, juste après ses émissions de RTL. Loin de cette tension sociale, il apparaît au contraire comme une sorte de « miracle » financier pour La Cinq, car *Que le meilleur gagne !* fait de l'audience et rapporte donc des recettes publicitaires à son propriétaire Hachette. Avec *Que le meilleur gagne !*, l'ex-animateur de radios libres acquiert une véritable popularité dans le secteur des jeux, dont les grands seigneurs cathodiques avaient jadis eu pour noms Guy Lux, Pierre Bellemare, Pierre Tchernia ou Lucien Jeunesse. Une autre génération, un autre style. Les applaudissements fusent de longues minutes lors de son arrivée sur le plateau et, parfois, il éprouve même du mal à les interrompre. Comme pour *Questions pour un champion*, une sorte de communauté de fans se forme avec *Que le meilleur gagne !*, bien avant l'apparition d'Internet et des réseaux sociaux. Lui qui se persuadait que jamais un présentateur « avec une tête d'Arabe » ne ferait l'objet d'un plébiscite de la part des Français réalise alors qu'il se trompait. Surtout, il goûte le simple plaisir d'être apprécié par des centaines de milliers de gens, fidèles aficionados de *Que le meilleur gagne !*. Comme il l'avouera quelques années plus tard, « *c'est toujours touchant l'attachement du public, mais ça rajoute une pression supplémentaire, celle de ne pas décevoir demain... La popularité reste la base de notre métier. Les animateurs sont comme les chanteurs, ils préfèrent voir une salle pleine que d'entendre les strapontins qui se relèvent et les spectateurs déserter la salle...* ». Et comme les patrons de La Cinq connaissent la passion de Nagui pour la musique, ils lui confieront aussi en octobre 1991 la présentation d'un magazine musical, *Studio 5* dont les producteurs ne sont autres que les prestigieux et légendaires Maritie et Gilbert Carpentier. Comme un cadeau pour ses bons, loyaux et fructueux services rendus à une chaîne qui commence à prendre l'apparence du « Titanic » à la fin de l'année 1991 alors que La Cinq de Lagardère dépose le bilan, signe annonciateur d'une irrémédiable et définitive baisse du rideau, *Que le meilleur gagne !* restera pourtant l'une des très rares émissions à être maintenues à l'antenne jusqu'à l'arrêt de la chaîne le 12 avril 1992, tellement il y a un public « accro » avec une audience performante de près de 7 %. Véritable phénomène cathodique de ce début des années 1990, ce jeu confère aussi à Nagui un vrai statut de vedette. Et cette personnalité, de plus en plus populaire sur RTL, ne peut que plaire au P-DG d'Antenne 2 et FR 3, Hervé Bourges, flanqué de son directeur général adjoint en charge des antennes... Pascal Josèphe. Le même qui programma *Que le meilleur gagne !* sur La Cinq ! Nagui se voit donc proposer de rejoindre France 2. Non seulement l'animateur arrive sur la chaîne publique mais il apporte dans son bagage son jeu *Que le meilleur gagne !*. Un transfert d'antenne très peu courant dans l'histoire de la petite lucarne, qui va permettre à Antenne 2 (qui sera rebaptisée France 2 à partir du 7 septembre 1992) de s'appuyer sur un programme déjà testé avec succès sur une chaîne de télévision française. C'est le 4 juillet 1992 que l'aventure de Nagui avec le service public commence, chaque jour à 12 h 20 à la place des *Mariés de l'A2*, puis, en raison du triomphe, également à 19 h 20 dès le 10 août 1992. Le présentateur sert donc de locomotive aux journaux d'information de 13 heures et de 20 heures. Preuve de l'engouement du public d'Antenne 2 : la direction de la chaîne proposera rapidement des émissions spéciales à 20 h 45, offrant des audiences qui iront bien au-delà des espérances du tandem Bourges-Josèphe avec 12,6 millions de téléspectateurs et 53 % de part de marché pour le premier prime time du 3 janvier 1993. Les suivantes rassembleront quelque 8 millions de « mordus » et 37,2 % de part de marché. Nagui a réussi là où on ne l'attendait pas. Et rajeunit d'un coup d'un seul l'univers des jeux TV jusque-là très coincés dans une mécanique *old school.* Dans son édition du 2 août 1992, *Le Monde* relate cette arrivée du transfuge de La Cinq dans l'audiovisuel public : « *Son œil est narquois, ses cravates et ses blagues fleuries et ses phrases "jeunes", à l'image de M6, sa chaîne d'origine. De ses "J'veux pas le croire" à ses "Ouais" dits avec l'accent d'Hallyday, il parle comme les 15-25 ans, en reparties courtes, rebondissant toujours sur le dernier mot pour faire de l'humour, reproduisant parfois des tics un peu lourds, eux-mêmes hérités d'une intensive pratique télévisée, celle des Inconnus ou des Nuls. Cet homme-là est du vif-argent, ce qui, dans l'amidon des fins de matinée télévisées, se remarque forcément. À midi et demi, le ton Nagui réveille les lève-tard et fait souffler un vent frais sur les journées travailleuses des mères de famille et des étudiants cloîtrés. C'est le nouveau joker d'Antenne 2. Pour les programmateurs, Nagui a réussi un exploit : celui de réconcilier les jeux, artillerie lourde des prime time qui ont fait le succès de TF1, avec un public jeune, que les mièvreries des* Juste prix *et autres* Millionnaire *ne pouvaient satisfaire...* » Pour un quotidien sérieux et respecté comme *Le Monde*, Nagui symbolise donc un évident renouveau dans le secteur plutôt poussiéreux et convenu des jeux TV. La grande notoriété entre dans la vie du fils de professeurs. Dans *Que le meilleur gagne !* version service public, l'animateur fera appel à un comédien qui vient du théâtre et de la bande FM : Jean-Luc Reichmann. Natif de Toulouse, ex-élève au cours Florent, il devient la fameuse voix off des émissions de Nagui, d'abord pour *Que le meilleur gagne !* puis dans *N'oubliez pas votre brosse à dents*, avec son fameux cri de stentor : « *N'oubliez pas votre brosse à dents... à dents ! Avec l'iiiiiiir-résistible Nagui !* » Tout en jouant jusqu'en 1994 dans la comédie musicale rock, *Les Précieuses ridicules*, revisitée par le Grand Orchestre du Splendid, la future superstar des jeux de TF1 apporte une touche encore plus loufoque aux shows de Nagui, uniquement par sa prestation vocale. Entre les deux hommes, qui ne savent pas encore qu'ils s'opposeront frontalement quelques années plus tard avec leurs programmes respectifs (*Les 12 coups de midi* sur TF1 pour Reichmann face à *Tout le monde veut prendre sa place* de

Nagui sur France 2), l'entente est cordiale et la rigolade permanente. « *Ils s'aimaient bien à cette époque, ça déconnait tout le temps, il y avait une bonne ambiance entre eux,* se souvient une ancienne chargée de production sur *Que le meilleur gagne !. Mais Nagui ne prenait pas vraiment Jean-Luc au sérieux, il le considérait plutôt comme un excellent comédien, certainement pas comme un présentateur en devenir. Il me disait souvent qu'il en faisait trop et que cela ne passerait pas face à la caméra. Il le prenait pour un bon déconneur, un metteur d'ambiance, un bouffon sympathique sans envergure. Je pense en réalité qu'il le craignait peut-être un peu, sans vouloir le dire, comme si Reichmann pouvait le concurrencer.* » Même si à un moment, Nagui envisagea pourtant de produire Jean-Luc Reichmann dans une émission, comme il l'a expliqué dans *Le Parisien*, en 2009 : « *Oui, on en avait parlé. Jean-Luc Reichmann a été mon chauffeur de salle dans* Que le meilleur gagne !, *puis voix off sur le programme et sur* N'oubliez pas votre brosse à dents. *Il était très doué pour les imitations. Très honnêtement, j'avais des doutes sur le long terme et la faisabilité de le mettre à l'antenne sur un jeu. C'est dire si j'ai eu du flair…* »

Avec *Que le meilleur gagne !*, Nagui pénètre, à 30 ans à peine, dans le temple des grands animateurs de divertissements. Le gamin d'Alexandrie doit beaucoup à Hervé Bourges dans cette ascension cathodique, ainsi qu'à son bras droit Pascal Josèphe. L'ex-patron de TF1, de France Télévisions ou du Conseil supérieur de l'audiovisuel, disparu en février 2020, avait énormément d'affection et d'estime pour le jeune et tonique présentateur qui lui-même considérait Hervé Bourges comme un véritable mentor. Le

28 novembre 2011, Nagui faisait ainsi partie des quelques personnalités du PAF comme Daniela Lumbroso, Bruno Masure, Paul Amar, Marie-Laure Augry, Serge Moati, Jean-Marie Cavada, Gérard Leclerc, le journaliste politique et demi-frère de Julien Clerc et Élizabeth Tchoungui, présentes lors de la remise de commandeur dans l'Ordre national de la Légion d'honneur à Hervé Bourges par Frédéric Mitterrand dans les salons du ministère de la Culture. Féru de culture arabisante et africaine, Hervé Bourges ne pouvait que propulser sur l'antenne de France 2 et du service public ce visage de la diversité au prénom venu d'ailleurs, dont la culture et l'énergie l'épataient. Un lien qui ne disparaîtra pas jusqu'aux derniers instants d'Hervé Bourges. Sa disparition provoquera un réel chagrin chez l'animateur-producteur qui publiera sur Twitter un message sincère et émouvant le 23 février 2020 : « *Ce matin, je pleure le départ d'un grand monsieur de la tolérance, de la diversité et de l'ouverture d'esprit. Je garde en souvenir* son sourire, son intelligence, son œil pétillant et sa gentillesse. *Hervé Bourges était et restera immense.* » Boosté par la confiance d'Hervé Bourges et le bel audimat de *Que le meilleur gagne !*, Nagui prend de l'assurance durant ces années 1990. En 2012, quand il proposera de nouveau *Que le meilleur gagne !* sur France 2 afin de fêter les 20 ans de cette émission, l'animateur détaillera dans *Télé Pro* les raisons qui ont rendu culte ce jeu : « *C'est d'abord par sa simplicité rassurante. Pas de règles tarabiscotées où l'on se perd en cours de route. Ici, le principe est enfantin : sur 200 candidats, c'est tout simplement le meilleur qui gagne à la fin. C'est aussi élémentaire que la pétanque ! Le reste – l'humour, les happenings, les digressions – tient de la pure mise en forme. Ce jeu reste un souvenir générationnel*

fort. Les plus jeunes qui regardaient le jeu à l'époque sont non seulement en âge de participer aujourd'hui, mais ils ont aussi des enfants susceptibles d'être candidats ! Cela dit, je reçois plus de messages de fans réclamant le retour de N'oubliez pas votre brosse à dents *– dont le côté délirant correspondait vraiment à l'esprit des années 1990 – que celui de* Que le meilleur gagne !. *Certes, le jeu suscite une certaine nostalgie, donc une attente, mais – comment dire… ? – cette nostalgie est à double tranchant. Elle ouvre un appétit qu'il ne faut pas décevoir. Il ne faudrait pas que cette petite madeleine cathodique laisse aux fans un arrière-goût amer de "c'était mieux avant". Mais, au fond, nostalgie ou pas, attente ou pas, l'enjeu pour ce retour reste celui de toute nouvelle émission : le public sera-t-il au rendez-vous ? Et ce suspense fait toute la magie de la télévision…* » Lui qui ne voulait jamais présenter de jeux à la télévision se retrouve même auréolé de trois 7 d'Or (1993, 1994 et 1995) dans la catégorie de la meilleure émission de jeux. La réussite et la popularité augmentent jour après jour, aussi bien sur France 2 que sur RTL. « *Ce qui est sûr, c'est que ma sincérité à l'écran n'est pas feinte. Je ne me cache derrière aucun petit doigt. À la télévision, je suis moi-même, j'emploie les mêmes expressions, je fais les mêmes blagues que dans la vie de tous les jours. Ça me paraît important. D'ailleurs, quand on m'accoste dans la rue, on me dit souvent : "Vous êtes exactement comme à la télé !", ce qui représente, à mes yeux, le plus beau des compliments* », dira Nagui à cette époque, lui qui se retrouve happé par la gloire. Un succès sur tous les fronts qui ne surprend pas Monique Le Marcis, à qui on doit son arrivée sur RTL, mais aussi celles de Gérard Klein, André Torrent, Vincent Perrot, Patrick Sabatier ou Julien Lepers, car, outre la programmation musicale, elle était également en charge des essais et de la recherche de nouveaux présentateurs : « *Il y avait déjà chez Nagui le goût du travail associé à un talent inné. Son triomphe à la télé, qui a vraiment commencé avec* Que le meilleur gagne !, *ne m'a pas surpris et cela rejaillissait d'ailleurs positivement sur RTL où il avait aussi son émission chaque matin. Et aujourd'hui, il reste le seul animateur-producteur de cette période des années 1990 à être encore omniprésent avec deux jeux quotidiens sept jours sur sept et une émission mensuelle comme* Taratata *sur France 2 ainsi qu'un programme chaque jour en direct sur France Inter. Sans parler de ses émissions spéciales ou le Téléthon !* »

Chez Nagui, il y aura aussi très vite le sens des affaires et l'envie de contrôler ses activités. Grâce à *Que le meilleur gagne !*, il accède à la grande notoriété, il multiplie les conquêtes féminines et il goûte frénétiquement à la vie de vedette TV, avec ses plaisirs et aussi sa grande superficialité. Mais il n'a pas du tout l'intention d'être enfermé dans le rôle du simple bateleur de jeu, taillable et corvéable à merci, aux ordres d'une société de production sans en tirer le maximum de bénéfices financiers. Comme d'autres animateurs de sa génération tels que Christophe Dechavanne et Jean-Luc Delarue ou avant eux Patrick Sabatier, Michel Drucker et Patrick Sébastien, il tient à concrétiser son nouveau projet professionnel : devenir aussi producteur en créant sa propre entreprise. Enfant, il rêvait aussi d'être pilote d'avion. Au début des années 1990, Nagui éprouve le besoin de voler de ses propres ailes au-dessus du ciel cathodique…

4
ANIMATEUR-PRODUCTEUR

« *J'ai créé Air Productions en 1993, où trente personnes collaborent. Dans ce métier, et c'est un avantage, vous êtes très vite "ami" avec tout le monde dès que vous avez échangé deux vannes, c'est le show-business. Mais quand vous tournez le dos, vous vous faites descendre. Il est donc important de se fabriquer sa famille. Ensuite, l'indépendance, à tous niveaux, est primordiale. J'aime ce côté famille, troupe, bande, tendance comédiens, gitans…* » Quand il parlait ainsi de sa société de production, en 1996, dans les colonnes du quotidien communiste *L'Humanité*, Nagui ne se doutait pas que cette boîte de prod, avec ses bureaux à La Plaine-Saint-Denis, ferait de lui, une quinzaine d'années plus tard, l'un des animateurs-producteurs les plus fortunés de l'Hexagone.

Au début de 1993, fort du succès de *Que le meilleur gagne !*, en observant le parcours de quelques-uns de ses confrères, comme Christophe Dechavanne ou Jean-Luc Delarue, Nagui saute le pas à son tour pour monter dans le train des producteurs TV, avec la ferme ambition de maîtriser son business, ses idées et son futur. Grâce à Air Productions, il va pouvoir donner naissance à un projet qu'il chérit plus que tout autre : une émission musicale nommée *Taratata*. La légende veut que Nagui ait baptisé son entreprise « Air Productions » en référence à la technique de l'air guitar, une activité qui consiste à mimer le geste d'un guitariste sans avoir l'instrument en mains. Il s'agit d'une sorte de play-back instrumental imitant la plupart du temps le jeu d'une guitare électrique. En réalité, c'est par référence à « On Air », l'inscription lumineuse à l'entrée des studios de télévision signifiant « à l'antenne ». C'est aussi pour une histoire de vent. Souvenez-vous quand Nagui, adolescent, confiait à son frère Carim qu'il avait « *envie de monter un parc d'attractions, de vendre du vent !* ». Lorsqu'il diversifiera au fil des années les activités d'Air Productions, les noms des filiales feront toujours appel à la même référence : Tam Air, une de ses sociétés spécialisée dans les effets spéciaux, Vision' Air, une agence de communication qui participera, entre autres, au lancement et à la promotion de la Renault Mégane. Suivront Image on Air, Festival on Air et Fiction'Air. Dans cette « famille » Air Productions, il fait immédiatement appel à une femme qui ne l'a jamais quitté depuis : Marie Prycko. Cette ancienne attachée de presse de la maison de disques Barclay entre 1976 et 1979 bifurqua vers le petit écran comme programmatrice des *Numéro un* de Maritie et Gilbert Carpentier, puis collaboratrice pour *Les Enfants du rock* sur Antenne 2 et *Les Visiteurs du jour* d'Anne Sinclair, sur TF1 en 1982, avant de travailler pendant dix ans aux côtés de Patrick Sabatier. Quand celui-ci connaîtra les problèmes que l'on sait, Marie Prycko retrouvera un point de chute au sein d'Air Productions. « *Pour Patrick, cela a été dur à encaisser. Non seulement Nagui récupérait sa case quotidienne et ultra-écoutée sur RTL mais en plus, il embauchait celle qui fut son bras droit et la véritable cheville ouvrière pour ses grands shows à TF1. Une femme discrète mais très pro et ultra-efficace, avec un carnet d'adresses impressionnant qui serait très utile pour Nagui. Pour Sabatier, ça faisait beaucoup...* », raconte un ancien réalisateur de RTL. Nagui place toute sa confiance en Marie Prycko, dès le début de leur collaboration qui ne cessera jamais, même dans les moments les plus difficiles. Très vite, l'ex-animateur des radios libres va montrer au sein de sa structure son tempérament très dirigiste. C'est un patron qui ne délègue que très peu, soucieux de tout contrôler. Depuis les bons de commande jusqu'au choix du mobilier en chêne clair, en passant par la rédaction des questions dans ses émissions. Rien ne lui échappe. Il a toujours le dernier mot. « *Jamais il ne dira "tu as raison", raconte l'ancien directeur des productions de RTL, Claude Hemmer, qui fut son employé durant une courte période à Air Productions. Mais le lendemain, il appliquera votre conseil ou vos remarques, sans le reconnaître...* »

De l'avis unanime de tous ceux qui ont travaillé avec lui, Nagui n'a jamais caché cet aspect de sa personnalité : celui d'un manager laissant peu de liberté, plutôt sec, voire un peu cassant, quand tout ne tourne pas comme il le souhaite. « *Des plateaux d'enregistrement aux couloirs de ses bureaux, il décidait absolument de tout. Jusqu'à l'emplacement de la bonbonne d'eau ! C'était quasi obsessionnel. Nagui avait aussi un autre défaut : il pouvait mettre beaucoup de temps pour répondre à nos demandes, comme s'il prenait un malin plaisir à nous faire lanterner* », se souvient une ancienne chargée de production de plusieurs émissions concoctées par Air Productions durant les années 1990. Un avis tempéré par un ex-développeur de projets dans la boîte de prod de Nagui : « *C'est sûr qu'il n'est pas très facile au quotidien, sans doute à cause de cette impression d'illégitimité ou d'inégalité qu'il a toujours ressentie avec ses origines égyptiennes. Cela a pu peut-être le rendre méfiant et un peu angoissé pour la moindre chose concernant son business. Je me souviens aussi qu'il n'appréciait que très modérément les critiques sur son métier de producteur. Je ne sais plus quel journal avait écrit : "Nagui est un photocopieur, pas un inventeur puisque les émissions de Nagui ne font que reproduire des concepts ayant fait leurs preuves ailleurs", en le comparant à un "petit coq macho" ! Cela l'avait mis dans une grosse colère et il y avait une sale ambiance dans les bureaux pendant quelques jours… En même temps, il est hyper professionnel et plutôt fidèle avec ceux qui bossent avec lui. Il ne virait que très rarement les gens quand j'étais à Air Productions, ce sont plutôt les gens qui partaient soit pour d'autres aventures, soit aussi parce qu'ils ne supportaient plus le Nagui patron ! Je sais qu'il peut être aussi généreux avec ses collaborateurs en leur offrant des iPad ou des iPhone, comme s'il désirait se faire pardonner son attitude un peu rugueuse. À mon époque, ça pouvait être un week-end de vacances ou des vêtements. Il partage d'ailleurs ce goût de faire plaisir avec Cyril Hanouna qui, lui aussi, a un caractère trempé et pas évident à supporter chaque jour.* »

Cette nouvelle fonction de chef d'entreprise correspond aussi à la personnalité de Nagui qui ne supporte pas beaucoup les directives venues d'ailleurs. Comme il le disait dans un article paru dans *Libération* le 1er octobre 1997, « *je me sens bien quand je me distingue d'une masse. Attention, je ne dis pas de la masse. Dans un groupe, je préfère être capitaine ou gardien de but… Je fais du business et si je ne suis pas un enfant de chœur, je ne suis pas un killer non plus. Je n'ai jamais eu honte de dire que j'avais envie de gagner de l'argent* ». En signant le premier gros contrat d'Air Productions avec France 2, Nagui ne va pourtant pas toucher le jackpot même si cela lui permet de concrétiser ce rêve d'un rendez-vous musical avec des artistes en direct. Ce sera *Taratata*. Le premier numéro de *Taratata* sera enregistré le 9 janvier 1993 et diffusé dès le lendemain, le 10 janvier 1993. Lors de sa création, la direction de France 2 a programmé le show en seconde partie de soirée. *Taratata* est d'abord tournée aux studios du Village de la communication, à Saint-Ouen, puis s'installera à partir de septembre 1994 à La Plaine-Saint-Denis, au Studio 128, conçu spécialement pour l'émission. Cette première aura pour invité d'honneur Bernard Lavilliers, entouré de toute une frange de la nouvelle génération de la chanson française, comme Florent Pagny, Les Innocents, Amina, Pascal Obispo et Zazie. Et la musique du générique, aujourd'hui culte, sera composée par Jean-Jacques Goldman, au sommet de sa carrière. Le même que Nagui ne voulait pas recevoir quand il officiait derrière le micro et les consoles de Radio Galère à Cannes, dix ans plus tôt !

Les bonnes relations de Nagui avec Hervé Bourges, alors super PDG de la nouvelle entité France Télévisions, facilitèrent non seulement l'arrivée de *Taratata* en hebdomadaire sur l'antenne de France 2, mais aussi la naissance d'Air Productions. Deux autres personnes ont également favorisé la métamorphose de Nagui en maître d'orchestre d'un grand barnum au service de la musique comme on n'en voyait jamais à la télévision française à cette époque. À commencer par Pascal Josèphe, le directeur général adjoint de France 2-France 3, qui a propulsé Nagui sur La Cinq. Il y a aussi Marie-France Brière, la directrice des programmes de France 2. Ancienne d'Europe 1 des années 1960 version *Salut les copains*, elle a surgi dans la jungle télévisuelle en 1974 aux côtés de Jacques Martin. C'est le temps du *Petit Rapporteur*, de *L'École des fans* ou de *Musique and Music*. Hervé Bourges lui confiera ensuite en 1983 la responsabilité des variétés sur TF1 où la productrice donnera sa chance à Patrick Sébastien avec *Carnaval*, lancera *Le Jeu de la vérité* de Patrick Sabatier ou dénichera *La Roue de la fortune* aux États-Unis. Sous son impulsion, les audiences grimpent au plafond. C'est elle qui aura l'idée d'installer Bernard Tapie sur l'antenne en 1986 avec son grand show entrepreneurial en public, *Ambitions*. Elle imposera également dans une grille des programmes pas très funky la première émission sur le rap et le breakdance, chaque dimanche après-midi, *H.I.P. H.O.P.*, animée à partir de janvier 1984 par Sidney, le seul présentateur noir à l'époque d'un divertissement sur une grande chaîne nationale : « *C'était un risque. On s'est retrouvés catapultés le dimanche en début d'après-midi, avant* Starsky et Hutch. *On était sous-payés et on avait zéro budget… On a tourné la première à Roissy, ambiance "arrivée des States", et dès la deuxième, on était au pied de la barre Renoir à La Courneuve. J'entendais dans les couloirs de TF1 : "Fais gaffe, on va te piquer ta caméra." Les jeunes sont arrivés de tous les côtés mais zéro embrouille. Ils se sentaient représentés, enfin, à la télé. Notre look, survêtements-baskets, leur parlait et puis le breakdance, c'était une danse hyper athlétique dans laquelle ils se retrouvaient. Marie-France Brière a eu beaucoup d'audace pour proposer ce programme.*

Elle était curieuse de toutes les cultures, de la nouveauté et de la diversité », note Sidney. Après un passage sur La Cinq de Silvio Berlusconi, où elle attira toutes les grandes vedettes de TF1, carnets de chèques à la main, elle reviendra dans le giron du service public à la demande d'Hervé Bourges. Sur Antenne 2, Marie-France Brière sera à l'origine de *Fort Boyard*, de *La Télé des Inconnus* et donc de *Taratata*. C'est aussi parce qu'il incarnait un autre visage de la France, comme Sidney, que cette grande pro de l'audiovisuel – elle dirige aujourd'hui à 78 ans le Festival du film francophone d'Angoulême, qu'elle a fondé en 2008 avec le producteur de cinéma et de télévision, Dominique Besnehard – a cru en Nagui et l'a beaucoup conseillé. D'ailleurs, il ne cache pas l'influence qu'elle a eue sur sa manière de produire ses émissions, taxée par certains d'insupportable, et par d'autres de particulièrement exigeante : « *Ce n'est pas pour le plaisir d'être embêtant comme certains autour de moi peuvent le dire, mais je cherche tout, tout, tout. J'observe, j'analyse, je dis. Marie-France Brière m'a appris une chose : le gigantisme du détail. Elle a été directrice des divertissements à TF1 quand la chaîne était encore publique, ensuite elle a été à La Cinq puis à Antenne 2 et avec elle nous avons construit* Taratata. *Elle m'a pourri des journées sur les plateaux. Elle voyait des trucs que je croyais avoir cachés. Je lui disais que personne n'allait le voir. Elle me répondait : "Si je l'ai vu, c'est que c'est visible..."* »

Trois mois après la création de *Taratata*, grâce à l'imprimatur d'Hervé Bourges, de Pascal Josèphe et de Marie-France Brière, Nagui voit pourtant ses protecteurs quitter le service public puisque, le 13 décembre 2013, le Conseil supérieur de l'audiovisuel élit au second tour de scrutin un nouveau président de France Télévisions en la personne de Jean-Pierre Elkabbach. Soutenu en coulisses par le président de la République, François Mitterrand, le journaliste veut marquer de son empreinte sa prise de pouvoir en alliant audace, innovation et rajeunissement. Il symbolise cette volonté par son célèbre « Osons ! ». Il débauche Michel Drucker, alors sur TF1, ou Jean-Luc Delarue, la jeune étoile de Canal Plus. Quant à Nagui, il représente aussi pour Elkabbach une figure à la fois populaire et moderne sur laquelle il peut s'appuyer pour grappiller de l'audience à la concurrence, en particulier à la toute-puissante Une du groupe Bouygues. Dominique Cantien rejoint elle aussi l'équipe Elkabbach en tant que directrice artistique. Pour Nagui, le terrain paraît bien balisé pour développer le volume de productions de sa société. Car avec *Taratata*, il ne gagne pas d'argent. Le budget alloué par France 2 lui permet tout juste de payer ses collaborateurs à Air Productions, les équipes techniques, les frais de tournage et les artistes qui se produisent hors promotion. Il lui faut donc frapper un « gros » coup en tant que producteur, d'autant plus que c'est un job qui lui convient parfaitement, comme il le proclamera au journal *TV Mag*, en février 2020 : « *Producteur est finalement le métier le plus dans l'ombre mais c'est extrêmement jouissif de partir d'une feuille blanche et de raconter une histoire, de pouvoir revenir en arrière, la corriger. Il y a un côté deus ex machina amusant : "Mais pourquoi ? Parce que je l'ai écrit !" On n'a de compte à rendre finalement qu'au public et à la chaîne. Cette notion de producteur, qui va aussi bien à la radio, à la télé, au spectacle, au théâtre qu'au cinéma, reste du domaine de l'artisanat. Aucun ordinateur ni algorithme ne peuvent venir remplacer ce travail qui ne s'arrête jamais. C'est aussi beaucoup de rapports humains. Je catalyse le talent et l'énergie des autres, je suis un voleur de talents. Comme sur un chantier où un architecte peut réunir un plombier, un électricien et un peintre. Mon seul mérite est d'arrondir les angles de chacun. Aujourd'hui, si on me demandait de choisir, je signerais pour n'être que producteur parce que je ne ressens plus ce besoin de plaire et de paraître à l'antenne...* » Comme l'avaient fait les producteurs de *Que le meilleur gagne !*, Nagui va puiser son inspiration outre-Manche en proposant l'adaptation d'un show totalement loufoque, qui va complètement dépoussiérer le paysage audiovisuel français. Véritable animateur-vedette de France avec *Que le meilleur gagne !*, chaque jour à 18 h 10, et *Taratata*, le vendredi en troisième partie de soirée, il ne lui a pas été difficile de convaincre Jean-Pierre Elkabbach et son numéro deux Louis Bériot de mettre à l'antenne *N'oubliez pas votre brosse à dents*, d'autant que Marie-France Brière a ardemment défendu ce projet pas comme les autres. Et voilà comment le samedi 24 septembre 1994, à 20 h 40, France 2, en pleine ère Elkabbach, « ose » proposer sur le service public ce programme totalement inédit. Déjantée, irrévérencieuse, novatrice et parodique, *N'oubliez pas votre brosse à dents* va rapidement trouver ses fidèles et se bâtir une solide réputation. Adaptée d'une émission britannique du même nom diffusée sur Channel Four et vendue par Air Productions à France 2, moyennant 3 millions de francs le numéro mensuel, *N'oubliez pas votre brosse à dents* se veut une parodie des jeux télé avec des effets spéciaux à n'en plus finir, qui plongent parfois le téléspectateur dans l'univers du dessin animé.

Le tout animé par un Nagui survitaminé, accompagné de ses Naguettes et de la fameuse voix off de Jean-Luc Reichmann. Trois cent vingt « candidats » assistent à l'émission. Ils ont un point commun : ils sont tous venus avec leurs valises, leurs passeports et leurs fameuses brosses à dents. L'originalité du concept étant que chacun des membres du public est susceptible de partir sur-le-champ au cours du programme pour un voyage de rêve de dix jours. La première destination à gagner est un séjour de luxe sur la paradisiaque île Maurice ou alors... un week-end à Lille chez Maurice ! Certains en rient, d'autres trouvent cela indigne du service public. Mais Nagui s'en donne à cœur joie. L'animateur laisse libre cours à sa fantaisie et à sa bonne humeur en se faufilant dans les rangs à travers les personnes, en s'arrêtant parfois devant un spectateur pour révéler une de ses habitudes, la plupart du temps gênantes, ce qui provoque l'hilarité des participants. Certains d'entre eux se retrouveront sur le plateau afin de participer à des épreuves inhabituelles, comme détruire les meubles de son salon ou relooker sa belle-mère, tandis que d'autres recevront un billet de 200 francs, distribué de la main à la main par Nagui. Rien n'est impossible dans *N'oubliez pas votre brosse à dents* pour étonner l'auditoire et les « candidats ». Le salon, la cuisine ou la chambre à coucher de ces derniers peuvent carrément se retrouver sur le plateau le soir de l'émission, le tout dans le secret absolu. Une vraie performance en termes de production et de fabrication, ce qui rend très fier le producteur Nagui. Très satisfait également de ce premier gros deal financier pour sa société Air Productions ! Et si le terme « faire du buzz » n'existait pas encore en 1994,

N'oubliez pas votre brosse à dents a fait beaucoup grincer des dents dès son premier numéro. Le Conseil supérieur de l'audiovisuel reproche à Nagui d'utiliser un micro-revolver, un gag il est vrai d'un goût plutôt douteux et inimaginable aujourd'hui, et surtout de distribuer de véritables billets de 200 francs. Après cette première émission, le PDG Jean-Pierre Elkabbach aurait personnellement demandé à Nagui de ne plus montrer d'argent à l'antenne. En pleine « guerre » des chaînes, TF1 ira jusqu'à envoyer une cassette de *N'oubliez pas votre brosse à dents* à certains députés afin de dénoncer le caractère « vulgaire » de ce programme sur une chaîne du service public. « *Un comble !* » s'est écrié Nagui, qui avait été approché par la chaîne privée quelque temps auparavant. Du côté des téléspectateurs, c'est la « mise à nu » de certains candidats qui choque un peu. Pourtant, avec ce show qui « ose », Nagui et France 2 réalisent un carton plein sur les moins de 50 ans et les 15-35 ans, qui sont devenus véritablement accros à « la brosse à dents ». *N'oubliez pas votre brosse à dents* offre un rajeunissement de la case du samedi soir de France 2, face aux puissants et populaires rendez-vous de Patrick Sébastien sur TF1, comme *Super Mec*, *Super Nana* ou *Sébastien chez vous*. Pour Nagui, c'est un triomphe personnel puisqu'il tient tête à l'ogre TF1 avec parfois plus de 6 millions de fidèles. Conscient qu'il représente un vrai danger pour ses ressources publicitaires, l'état-major de TF1 demande à certains de ses cadres dirigeants de cibler le service public en général et Nagui en particulier. Jean-Bernard Ichac, alors directeur de la stratégie de TF1 Publicité, s'exprime sans prendre de gants dans *Le Nouvel Observateur* du 19 octobre 1995 : « *France 2 nous court "après" en matière de programmation. Et France 2 n'échappe pas aux dérives dans sa course à l'audimat. En témoignent certains numéros de* N'oubliez pas votre brosse à dents, *l'émission de Nagui...* » Au fil des mois, le show déjanté de Nagui est la cible d'autres critiques, venant aussi bien de la presse que de certains milieux politiques. Il monte alors au créneau pour défendre son concept dans une interview publiée par *Libération* en 1995 : « *Tout n'est pas drôle mais on peut rire de tout. L'humour se sert de ce qui est défendu ou interdit, l'argent, le cul... Pierre Lescure, le PDG de Canal Plus, avait d'ailleurs eu un très bon regard sur le problème de cette émission. Il a dit que si* N'oubliez pas votre brosse à dents *avait été diffusée sur Canal Plus en codé et présentée par les Nuls, elle serait devenue une référence, car venant de Canal, là où l'humour de ce type et la parodie n'ont plus à se justifier. Alors que sur le service public, le samedi soir, et présentée par un animateur de jeux, ça ne va pas. On conclut un peu vite : le service public dérape ou Nagui a pété les plombs !* » Quand on le pousse dans ses retranchements en insinuant qu'il porterait atteinte à l'image de l'audiovisuel public avec son show où l'argent se transmet de la main à la main, et où les participants font l'objet de moqueries même s'il faut les replacer dans le contexte de l'humour, le fils de professeurs se défend : « *Je suis tout à fait pour le service public. Dans le sens où des programmes comme* Bouillon de culture *de Bernard Pivot, la messe et autres doivent pouvoir exister en dépit des audiences. Mais cette notion ne doit pas empêcher de rire sinon pourquoi les pubs, le journal télévisé à 20 heures et tout le reste. Et puis quand tu es devant ton écran de télévision, tu ne zappes pas en te disant, "Privé ! Public ! Privé codé ! Privé jeune ! Public allemand français !". Tu zappes, c'est tout et tu t'arrêtes où ça te plaît... Mais c'est le métier qui ne veut pas comprendre. C'est une émission où la base est de se moquer de tout : des émissions de télé, de la bêtise des jeux à la télévision et on se moque aussi de l'animateur. On me l'a dit dans le métier : faut pas faire de grimace, c'est pas bien, ne déforme pas ton image. Un animateur doit être lisse.* » Forcément, Nagui irrite. Non seulement parce qu'il n'est pas lisse et qu'il dénote dans le paysage cathodique, mais aussi parce qu'il a beaucoup de succès. Sur RTL, il a pris une dimension majeure et il ne quittera pas l'antenne jusqu'à son départ en 2006. Sur France 2, il représente à ce moment-là le parfait cumulard avec trois émissions dans sa besace d'animateur-producteur. Quand, en 1995, les patrons de la chaîne lui commandent un nouveau divertissement mensuel intitulé *Miroir, mon beau miroir*, programmé à la fin du mois de juin de la même année, c'est parce qu'ils sont séduits par l'idée novatrice du projet. Dans cette troisième production estampillée Air Productions, un échantillon de 400 personnes représentatives de la population française répond en temps réel à une étude d'image sur chacun des invités, mais aussi à des questions plus générales sur la vie quotidienne. L'institut Louis-Harris est chargé d'analyser les résultats sur le plateau. Face au miroir, les trois cobayes de la première sont Yannick Noah, Sheila et Carla Bruni qui est, alors, l'un des plus grands top models du monde. Le but de l'émission consiste à savoir si le public connaît bien la personnalité des vedettes. Exemple d'une question parmi d'autres : « *Sheila est-elle riche ou endettée en fin de carrière ?* » À l'issue de la séquence, Sheila exprime son avis. Nagui tente donc le pari de variétés différentes en utilisant des sondages, comme il l'expliquait à l'époque à une radio belge : « *L'idée m'est venue en feuilletant des magazines. Je suis un gros consommateur de la presse féminine où il y a souvent des sondages. J'adore lire* Elle, Glamour *ou* Vingt Ans. *Moi, ça m'amuse de savoir que je suis plus ou moins banal, ou original, par rapport à mes congénères. Est-ce que les mecs de mon âge sont fans de Michel Platini ou de Che Guevara ?* » Mais Nagui n'a pas vraiment « la carte », comme on le dit pour ceux que les médias bien-pensants aiment encenser. Dans *Le Monde* du 7 janvier 1996, le journaliste Pierre Caumont trempe sa plume dans l'acide : « *Naguère, les animateurs avaient pour fonction de servir l'émission qu'ils présentaient. Aujourd'hui, à l'instar de Nagui et consorts, leur but est d'asservir le public qui leur est livré en pâture. Un public faire-valoir qu'ils manœuvrent à ses dépens. Le cas de Nagui illustre particulièrement bien ce phénomène, cette montée de la toute-puissance de l'animateur. Avec d'abord* Que le meilleur gagne !, *puis* N'oubliez pas votre brosse à dents, *et désormais* Miroir, mon beau miroir. *Nagui, toujours plus prompt à narguer, et désormais animateur-vedette de France 2, s'est pris à ce jeu du miroir, où l'on cultive son image et où l'on devient son propre admirateur.* Miroir, mon beau miroir, *dis-moi qui est le plus beauf ?* » Moins cruel mais tout aussi cassant, Olivier Le Naire estime dans *L'Express* du 12 octobre 1995 que « *l'an dernier (en 1994), il s'attirait les foudres de la critique télé avec sa navrante* Brosse à dents. *Depuis la prestation de Sébastien sur TF1, Nagui, en comparaison, paraîtrait presque distingué. Plus question de dérapages, donc, pour l'animateur de France 2, qui gère sa carrière en homme prévoyant. Après avoir obtenu un créneau décent pour son excellente émission musicale,* Taratata, *Nagui revient le 14 octobre avec, outre* Brosse à dents, *déjà citée,* Miroir, mon beau miroir, *un divertissement qui met en vedette des familles de Français moyens. Surprises, gags et invités à la clé. Un mélange classique. Mais, surtout, Nagui prépare l'avenir. Conscient qu'"on a moins de chances de lasser derrière la caméra que devant", il va produire une sitcom pour France 2 et une émission pour la Cinquième. Il fera même ses débuts d'acteur dans un long-métrage réalisé par son ami Gérard Pullicino, ainsi que dans le prochain film d'Ariel Zeitoun. Nagui est paré…* ». Pourtant, il encaisse les coups car il a le cuir épais. Qu'elles émanent de journalistes ou de la direction de France 2, les critiques ne semblent pas l'atteindre même si elles ont pu l'étonner, comme le rappelle une ancienne responsable de programmes sur la chaîne : « *Les déclarations de Jean-Pierre Elkabbach dans* Libération *après la première émission de* N'oubliez pas votre brosse à dents *l'avaient désagréablement surpris car il se sentait un peu trahi. Il nous avait appelés en nous disant : "La direction de France 2 a vu plusieurs fois l'émission, contrairement à ce qu'a raconté Elkabbach dans la presse. N'oubliez pas que j'envoie toujours la cassette à France 2. Et tous les patrons, que ce soit Dominique Cantien (devenue la directrice artistique et directeur des programmes de France 2) et Louis Bériot, me disent : 'C'est bien, on rit.' Pour moi, c'est bon et après, on me dit que cela choque, je ne comprends pas…" On sentait que quelque chose ne lui plaisait pas dans tout ce vacarme médiatique autour de lui et de ses émissions, sans savoir qu'un autre encore plus grand allait avoir lieu durant l'année 1996.* » Avec un allumeur de mèche nommé Alain

Griotteray, un député UDF réputé pour ses idées très à droite, disparu en 2008, et rapporteur du budget de la communication à la Commission des finances de l'Assemblée nationale. En novembre 1995, il devient le premier parlementaire à « violer » la clause de confidentialité en dévoilant les contrats passés par France Télévisions avec les sociétés de production des vedettes de France 2. Selon le rapport Griotteray, les 6 sociétés de production citées ont réalisé, pour l'exercice 1995-1996, quelque 640 millions de francs de chiffre d'affaires avec la chaîne publique, sur un budget global de près de 4,8 milliards de francs, avec des hausses dans les budgets attribués par France 2. Selon ce rapport, le chiffre d'affaires entre la 2 et Jacques Martin Productions s'établit à 144,73 millions de francs. Celui de Réservoir Prod (Jean-Luc Delarue) atteint 134,75 millions de francs. Avec Case Productions (Arthur), il est de 115,5 millions. Pour Productions DMD (Michel Drucker), le montant atteint 89,56 millions de francs et pour Mireille Dumas Productions, 52,55 millions de francs (34,3 millions en 1994-1995). Air Productions, la société de Nagui, réalise de son côté 65 millions, mais « *il ne prend pas en compte un avenant récent au contrat de base pour l'émission* Miroir, mon beau miroir, *qui aura pour effet d'élever le chiffre d'affaires à environ 100 millions de francs hors taxes (contre 60 millions en 1994-1995)* », dixit le rapport Griotteray. Pour justifier son action, Alain Griotteray remet en cause la stratégie de France 2, qui entraîne, selon lui, « *des flux financiers incompatibles avec la transparence exigible du secteur public* ». Dans ces contrats, le député critique, entre autres, les « *clauses de résiliation drastiques pour France 2 qui, si elle n'honore pas ses commandes de chiffre d'affaires annuelles, est condamnée à financer la différence entre le montant garanti et le montant réalisé. Passés dans le plus grand secret, les contrats sont signés soit par le président de France Télévisions (Jean-Pierre Elkabbach), soit par le directeur de l'antenne de France 2 (Louis Bériot), sans aucune intervention du directeur général (Raphaël Hadas-Lebel)* ». En ce qui concerne les rémunérations réelles des vedettes, Alain Griotteray souligne que toute évaluation précise en est interdite avec, selon lui, la mise en place d'un système encore plus opaque que celui d'avant l'ère Elkabbach, par lequel les animateurs-producteurs étaient rétribués deux fois. Une fois en tant que producteur et une autre fois, au cachet, comme présentateur. Les évaluations de la marge des animateurs-producteurs iraient de 15 à 50 % sur les émissions produites, toujours selon le rapport Griotteray. Pour se défendre, la direction de France 2 explique justement qu'elle a mis fin à une confusion entre le statut de salarié et celui de gestionnaire de société de production avec plusieurs vedettes de la chaîne, comme Nagui, Jean-Luc Delarue ou Arthur, symboles du renouveau et de la modernité voulus par l'équipe Elkabbach. « *Les émissions de divertissement sont indispensables pour une chaîne généraliste*, remarque à l'époque, lors d'une conférence de presse, Raphaël Hadas-Lebel, directeur général de France 2. *Cela fait partie de l'identité de la chaîne au même titre que la fiction.* » Les négociations de ces contrats de droit privé passés entre la chaîne publique et les maisons de production ont toujours constitué un rapport de force, mais encore plus dans ces années 1990 où l'argent prime, car plus une star du tube cathodique est convoitée, plus son deal financier devient intéressant, voire mirobolant. Comme ses autres confrères cités, Nagui se retrouve donc au cœur d'une vive polémique allant crescendo au fil des mois. On a oublié que Nagui et France 2 avaient été condamnés à payer 5,4 millions de francs de réparation, en mai 1995, à la société de production TVTV pour favoritisme au sujet de l'émission *N'oubliez pas votre brosse à dents*. Un jugement prononcé par le tribunal de commerce de Paris, le 22 mai 1995, et dont l'histoire vaut d'être relatée.

Au début de l'année 1994, la société de production Tout va très vite (TVTV), associée au groupe Gédéon, apprend que France 2 recherche de nouvelles idées d'émissions de variétés. TVTV contacte alors la chaîne anglaise Channel Four afin de négocier la cession des droits d'un nouveau programme à succès, *Don't Forget Your Toothbrush* (« N'oubliez pas votre brosse à dents »). Prenant acte de l'intérêt de France 2 pour ce projet, TVTV commence en février 1994 des discussions pour l'acquisition des droits pour 13 émissions, sur la base d'un prix d'option de 50 000 francs chacune. Quelques semaines plus tard, TVTV présente, le 3 mars 1994, le concept à Nagui, l'animateur pressenti par France 2, et dépose à l'Institut national de la propriété industrielle (INPI) la marque « Jamais sans ma brosse à dents ». Les réunions de travail continuent et la décision est prise de conclure avec Channel Four au Marché international des programmes de télévision (MIPTV) le 16 avril 1994. Mais à leur grand étonnement, les patrons de TVTV découvrent que France 2 a directement contacté Channel Four pour signer l'achat des droits du show britannique, moyennant 2 millions de francs pour 39 éditions. Et le 29 mai 1994, Nagui annonce sur Canal Plus que sa société Air Productions va produire un nouveau divertissement intitulé *N'oubliez pas votre brosse à dents*. C'est ainsi qu'Air Productions se verra confier la production de 30 numéros de la *Brosse à dents* pour un coût global de 90 millions de francs, soit 3 millions par numéro.

Pour un ancien dirigeant de Gédéon qui ne souhaite plus que son nom soit cité publiquement dans ce dossier, il est évident que Nagui a été « pistonné » par les responsables de France 2 en général, et par Jean-Pierre Elkabbach en particulier : « *On a tout de suite senti qu'il y avait un loup dans cette affaire quand Channel Four nous a informés sur leurs tractations avec France Télévisions. Même si Nagui et la chaîne ont fait appel du jugement, c'était évident que nous avions été roulés dans la farine. On avait déniché le projet de* N'oubliez pas votre brosse à dents *en Angleterre, on avait immédiatement pensé à Nagui pour le présenter mais comme il avait un appétit de producteur, il voulait aussi le budget pour Air Productions. Et comme il faisait partie des nouveaux chouchous d'Elkabbach, tout comme Delarue et Arthur, et qu'il cartonnait à la fois sur France 2 et sur RTL, il n'a pas eu beaucoup de difficultés à obtenir ce qu'il désirait : la production du programme pour augmenter les marges de sa société et gagner beaucoup d'argent. C'est de bonne guerre, mais je n'ai pas un bon souvenir de ce moment avec Nagui. L'animateur bon enfant et déjanté a montré à cette période qu'il s'était métamorphosé en producteur prêt à tout, en vrai loup du business…* » Un jugement sévère sur Nagui qu'on peut attribuer à un certain ressentiment après le litige à propos de *N'oubliez pas votre brosse à dents.* Mais nul doute qu'il a véritablement endossé le costume de businessman à cette période. Cette affaire des animateurs-producteurs provoquera le départ de Jean-Pierre Elkabbach, en juin 1996, et rejaillira sur l'image de Nagui. Le « minot » de Cannes est caricaturé par les Guignols de l'info de Canal Plus en « voleur de patates », comme Jean-Luc Delarue et Arthur. En juillet 1996, l'animateur de *Taratata* exprimait dans *Libération* comment il vivait ce mauvais feuilleton médiatico-financier : « *J'ai un sentiment de ras-le-bol avec tout ce que j'ai subi récemment. Quand les Guignols plaisantent avec "les voleurs de patates", c'est drôle. Quand un quotidien d'information comme* France-Soir *reprend l'expression en gros titres avec ma photo à côté, là, je ne ris plus. Cela, je l'ai mal vécu…* » Avec l'arrivée de Xavier Gouyou-Beauchamps à la tête des chaînes publiques, le présentateur-vedette sent rapidement qu'il n'est plus en odeur de sainteté et la séparation entre les deux parties s'opère logiquement. Mais sans guerre d'avocats ou de procédures sans pitié. *N'oubliez pas votre brosse à dents* est arrêtée car le show ne plaît pas du tout au nouveau PDG. Pourtant, Nagui ne réclame même pas de dédit, comme son contrat l'y autorisait. France 2 lui rend sa liberté tout en mettant fin à sa clause d'exclusivité. *Taratata* est maintenue avec un accent sur la chanson française et les nouveaux talents. Toujours produite par Air Productions, Nagui en confie la présentation à Alexandra Kazan, transfuge de Canal Plus. Pour Nagui l'animateur, l'avenir désormais se nomme TF1.

5

TF1, CANAL PLUS… ET LE DÉSERT

En quittant France 2, en même temps qu'Arthur, lui aussi « victime » collatérale de l'affaire des animateurs-producteurs, Nagui accepte une proposition qui surprend tout le monde : un premier rôle au cinéma. Pas n'importe lequel puisqu'il est le héros d'une comédie sentimentale, *Une femme très, très, très amoureuse*. Dans ce film signé Ariel Zeitoun et tourné durant l'été 1996, il interprète un dessinateur de bandes dessinées qui occulte le souvenir de son père décédé, mais ne peut pas s'empêcher d'en faire le personnage de ses albums. Refusant la paternité et la vie de famille, il n'a d'aventures qu'avec des femmes mariées. Pour ses débuts cinématographiques, l'animateur néophyte en matière d'art dramatique donne la réplique à Cristiana Réali, Michel Boujenah, Maria Pacôme et Thomas Langmann. Sorti au mois d'août 1997, ce sera un terrible bide. Nagui s'y révélera comme un très médiocre acteur ainsi qu'il le reconnaîtra lui-même vingt ans plus tard dans les colonnes du *Parisien* en octobre 2017 : « *Je me suis regardé et je me suis dit : "Bon sang, je suis nul." J'avais l'impression de voir un mauvais feuilleton brésilien doublé… mais je n'étais pas doublé !* » Mais le présentateur-producteur n'oublie pas sa carrière d'homme de télévision et quand Étienne Mougeotte, le numéro deux de TF1, lui propose de rejoindre la chaîne commerciale la plus puissante d'Europe, il ne peut pas refuser. Avec deux nouvelles émissions dans l'escarcelle : *L'Appel de la couette*, chaque lundi soir vers 22 h 50, et *Vous ne rêvez pas*, un vendredi ou samedi par mois en prime time et en alternance avec Arthur et *La Fureur*, sa populaire télé-karaoké inaugurée sur France 2.

La première diffusion de *L'Appel de la couette* a lieu le 23 septembre 1996. Nagui et ses invités – acteurs, humoristes ou chanteurs – évoquent leur actualité et réagissent face à des phénomènes de société. Le studio est transformé en chambre à coucher avec Nagui qui présente les deux heures d'émission en pyjama. En fin de soirée, le show se transforme en mini-concert pour permettre à un artiste d'interpréter ses chansons, en direct sur le plateau, comme Jean-Jacques Goldman, The Cure, ou Bryan Adams, parmi d'autres. Après quelques mois, les audiences n'ont toujours pas décollé. *L'Appel de la couette* sera supprimée en janvier 1997. Tout comme *Vous ne rêvez pas* disparaîtra rapidement de la grille de TF1, faute de public et de concept, comme l'écrivait Aude Dassonville dans *Libération* le 8 mars 1997 : « *Il se trouve que* Vous ne rêvez pas *condense des concepts d'émissions déjà éprouvés. Un soupçon de* Questions pour un champion *avec le quiz, la touche de* N'oubliez pas votre brosse à dents *pour la raillerie, celle du* Monde est à vous *(de Jacques Martin) pour les voyages, celle de* Porte-Bonheur *(de Patrick Sabatier) pour le côté "on vous offre (aussi) ce dont vous avez besoin" (une voiture, un camping-car)... En fait, Nagui se retrouve pris à son propre piège.* »

La sauce avec TF1 ne prendra jamais. Outre ses deux programmes, Nagui présentera et produira aussi sur la Une *T'as la marque du maillot ?*, *Cocktail*, *Rire en toutes lettres* et *Tous en jeu*, un jeu qui remplaça *L'Or à l'appel* de Lagaf' mais que les patrons de TF1 stoppent au bout de 40 émissions. Sans oublier *La Soirée d'enfer*, qui marquera la fin de l'expérience de Nagui animateur sur TF1, en juillet 1998. Une véritable série noire pour l'ex-star de France 2 qui stressait quotidiennement, comme s'en souvient une ancienne chargée de production à Air Productions : « *Nagui a très mal vécu cette période. Chaque matin, il craignait de recevoir un coup de téléphone ou un fax de la direction de TF1 lui disant que c'était fini. Les audiences n'étaient pas celles attendues par le tandem Patrick Le Lay-Étienne Mougeotte et on ne rigolait pas avec ça dans le groupe Bouygues. Nagui ne comprenait pas pourquoi le public de TF1 ne le suivait pas autant que celui de RTL, qui était pourtant similaire. Même s'il était très populaire et bien installé dans l'univers de la télé, il semblait retrouver à 36 ans son complexe originel : celui de l'Arabe dont la tête ne plaît pas aux Français...* » Quelques années après son départ de TF1, Nagui livrera en juillet 2005 au site toutelatele.com son analyse de son passage sur la Une où il ne sera resté que deux ans : « *Je me suis dit que si TF1 voulait de moi, c'était parce que j'étais bon. Et j'ai foncé ! Malheureusement, des scores qui étaient des succès sur le service public devenaient des échecs dans le privé. Avec* T'as la marque du maillot ?, *un jeu de divertissement dans la lignée de la* Brosse à dents, *nous avons quand même dépassé les cinq millions de téléspectateurs. Avec* Vous ne rêvez pas, *nous en avions six millions en moyenne ! Mais TF1 a une mécanique de fonctionnement très onéreuse. Cela empêche certains programmes de se développer.* » Le 11 juillet 1998, Nagui plie bagage avec sa dernière *Soirée d'enfer*, diffusée en première partie de soirée, et jetée aux oubliettes après 9 numéros. Les dirigeants de la Une n'envisagent pas le moins du monde de lui confier autre chose à la rentrée de septembre 1998. Patrick Le Lay, le défunt P-DG de TF1, aurait eu ce mot terrible au sujet du présentateur lors d'une réunion en juin 1998 : « *C'est qui Nagui ?* »

Nagui savait que TF1 ne faisait pas dans le sentiment mais la sensation d'un violent échec le ronge forcément. C'est un sacré coup dur pour son entreprise Air Productions. Il ne baisse pas les bras. Affublé de sa casquette de « fabricant d'émissions », il prend son bâton de pèlerin et part démarcher les chaînes publiques. Avec ses projets, il entreprend des négociations pour de futures commandes. Fort de ses bonnes relations avec Jean-Pierre Cottet, le directeur général de France 2, et Alain Vauthier, le directeur de l'antenne de France 3 – disparu en 2011, il fut l'un des interlocuteurs de Nagui sur La Cinq à l'époque de *Que le meilleur gagne !*. Même s'il n'apparaît pas sur les antennes du service public en tant que présentateur, le producteur Nagui dégaine à tout va avec plusieurs émissions unitaires ou documentaires en partant de TF1 : *Fête l'amour* (en 1998 pour France 2), *L'Hymne à Piaf*, animée par Georges Moustaki (en 1998 sur France 2), *Ophélie de folie* (en 1998 pour France 2), *Y a quoi à la télé ?*, présentée par Thierry Beccaro (en 1998 pour France 2), *Le monde est merveilleux*, incarnée par le chanteur Antoine (en 1998 sur France 2), *De Starmania à Notre-Dame de Paris* (en 1999 pour France 2), *Les Bêtises de M. Pierre*, animée par Pierre Bellemare (en 1999 sur France 3) ou *Béart, ma vérité* (en 1999 pour France 3). Du business pour Air Productions mais chassez l'animateur, il revient au galop. Depuis quelques mois, il rencontre discrètement et régulièrement Pierre Lescure et Alain de Greef, respectivement directeur général et directeur de l'antenne de Canal Plus. Le duo mythique de la chaîne cryptée a pensé à lui pour redonner un coup de jeune au talk-show quotidien *Nulle part ailleurs*. Depuis 1995 et la fin du tandem Gildas-de Caunes, l'émission n'a jamais retrouvé le ton iconoclaste qui faisait sa magie, l'association Philippe Gildas-Valérie Payet se révélant catastrophique, tout comme le concept de Philippe Gildas entouré d'une équipe de coprésentateurs ne fonctionnait pas non plus. Quant à la présentation de *Nulle part ailleurs* avec Guillaume Durand, de 1997 à 1999, elle aboutira au limogeage du journaliste et à de véritables règlements de comptes entre Durand et plusieurs collaborateurs de Canal Plus. Fan de *Nulle part ailleurs*, Nagui rêve de présenter ce programme même s'il est devenu une sorte de fatras mal agencé. Et le 16 avril 1999, alors que Nagui a opéré un come-back très remarqué sur France 2 une semaine auparavant pour une exceptionnelle *Taratata symphonique*, l'annonce officielle de son arrivée dans *Nulle part ailleurs*, à partir du 30 août 1999, est faite au MIPTV à Cannes par Alain de Greef. Le dirigeant de Canal Plus précise que la formule de *Nulle part ailleurs* sera remaniée pour l'occasion et devrait être plus divertissante, plus tournée vers un public jeune. Toujours aussi bon négociateur et très attaché à son *Taratata* new-look qui a été regardée par près de 5,5 millions de téléspectateurs, le 9 avril 1999, laissant TF1 loin derrière, Nagui obtient de la direction de Canal Plus qu'il anime parallèlement *NPA* et son show musical dont quelques nouveaux numéros ont été commandés par France 2 pour la saison 1999-2000. Pourtant, l'ex-animateur de *Tout le monde veut prendre sa place* ne semble pas arriver en terrain conquis sur la chaîne cryptée. Comme le remarquait le quotidien suisse *Le Temps* dans son édition du 17 avril 1999 : « *Vendredi dernier, le 9 avril, les Guignols de l'info sur Canal+ appelaient les téléspectateurs à regarder en masse l'émission de Nagui en espérant qu'un bon score d'audience maintiendrait ce dernier sur France 2 et éviterait qu'il ne vienne sur Canal.* » La marionnette de PPDA concluait sa séquence en disant : « *Regardez* Taratata *ce soir sur France 2 ! Pour vous c'est peut-être deux heures de perdues, mais pour nous c'est sans doute une année de gagnée !* »

Dans l'équipe des Guignols de l'info, on n'apprécie que très modérément l'arrivée d'un des « voleurs de patates » à la tête du talk-show emblématique de Canal Plus. L'un des auteurs le confie : « *On sortait de deux ans avec un Guillaume Durand insupportable de prétention et de snobisme et les dirigeants de Canal nous amènent un animateur certes sympathique et jovial, mais symbole d'une télé très franchouillarde et de l'argent à tout va avec l'affaire des producteurs-animateurs de France 2. Sans oublier son rôle principal dans le film nullissime,* Une femme très, très, très amoureuse, *qui fait partie aujourd'hui des plus gros navets du cinéma français et qui a été un terrible bide lors de sa sortie en salles durant l'été 1998. Pour nous, Nagui à Canal, et en plus à* Nulle part ailleurs, *la vitrine en clair de la chaîne, c'était à la fois une totale incohérence en termes de programmation et en même temps une cible parfaite pour nos sketchs, qu'on nous servait sur un plateau. Et même si Nagui était un bon copain de Bruno Gaccio, l'auteur-vedette des Guignols, on s'est dit qu'on n'allait pas le rater. Avec le recul des années, je peux dire qu'on n'a pas été très sympas avec lui, nous ne lui avons pas facilité la tâche et on lui a même pourri son passage sur Canal...* » Un aveu qui a le mérite de la franchise. Mais soutenu par Alain de Greef et Pierre Lescure, qui lui avait dit que *N'oubliez pas votre brosse à dents* « *serait devenue culte si elle avait été diffusée sur Canal* », Nagui pénètre dans le paquebot Canal Plus avec confiance et bonheur. Comme il le proclame dans *Libération* le 28 août 1999 : « *Je me vois comme un trait d'union entre le public et l'invité, une sorte de compromis entre Gildas et de Caunes, entre l'Auguste et le clown blanc. Dans ce nouveau* NPA, *tout va être matière à réaction, on va développer le rapport avec les gens, qui vont pouvoir réagir par mail, faxer des dessins... En arrivant à Canal Plus, j'ai dû faire un effort d'intégration, c'est quelque chose que je connais bien.* » Quand on lui demande s'il n'a pas peur de devenir la future cible des Guignols de l'info, il répond : « *Il ne faut pas oublier que c'est juste de la déconne et que ça reste du latex !* » Lors de ses discussions avec les responsables de Canal Plus, Nagui obtient la possibilité d'animer quelques *Taratata* sur France 2, mais en contrepartie il accepte des concessions pour *NPA* : la production restera en interne, hormis quelques séquences, et il ne fera pas venir son équipe d'Air Productions. Nagui n'amène dans ses « bagages » que Jacques Esnous, un journaliste de RTL – aujourd'hui directeur de l'information de la station –, pour le poste de rédacteur en chef, et à la production artistique Emmanuel Virot, alias « Manu », un ancien de Case Productions, la société de production d'Arthur et de Stéphane Courbit. Un homme de confiance qui travaille toujours avec Nagui aujourd'hui, principalement sur ses shows musicaux. Quant à Gérard Pullicino, son alter ego et réalisateur sur la plupart de ses émissions, il se contentera de jouer les conseillers officieux pour les lumières, la place des caméras ou le minutage de *Nulle part ailleurs.* Alain de Greef, qui veut éviter « le robinet d'eau tiède », a opté pour une télévision qui « pétille ». Cette nouvelle formule de *NPA* ambitionne d'être plus rythmée, avec trois invités qui se succéderont chaque soir sur le plateau. « *Ils viendront parler de leur actualité et non pas disserter sur leur œuvre* », assure Alain de Greef, une manière de tourner la page Guillaume Durand. Les infos sont présentées par Daphné Roulier, la future épouse d'Antoine de Caunes, et la météo par Églantine Éméyé, tandis que Jean-Louis Cap s'occupe de la réalisation. Comme c'est la règle à *NPA*, Nagui arrive sur la chaîne en tant que simple animateur, avec un contrat d'un an renouvelable. Toutefois, sa société, Air Productions, produira plusieurs séquences de l'émission. Le producteur Nagui verrouille le chiffre d'affaires d'Air Productions avec la commande par Canal Plus de plusieurs pastilles, documentaires ou émissions spéciales qui seront diffusés en 1999 et en 2000 : *Le Journal du jour* et *Fallait pas l'inviter* – deux courts modules intégrés dans *NPA* et confiés au documentariste Michel Royer pour le premier et à l'humoriste Michel Muller pour le second –, *Avant moi, j'croyais*, *Zidane par Zinédine*, *Marseille fait son cinéma*, *La Menace Star Wars* ou *Le Cinéma de James Cameron*. Cerise sur le gâteau qui marque la première incursion d'Air Productions dans le secteur de la fiction TV : une sitcom mise en scène par Gérard Pullicino, comprenant 20 épisodes de vingt-deux minutes chacun, intitulée *Mes pires potes*, avec Pascal Elbé et Atmen Kélif. De quoi bien remplir les caisses de la société de Nagui, et la preuve que le businessman n'oublie pas son chiffre d'affaires et ses 50 salariés.

Cet activisme, en tant que producteur extérieur pour Canal Plus, ne manquera pas de provoquer des jalousies, voire des suspicions de favoritisme de la part du big boss de Canal, Pierre Lescure, qui adore *Taratata*, tout autant qu'il a apprécié *N'oubliez pas votre brosse à dents*, et « kiffe » le personnage de Nagui. En prenant l'antenne pour la première fois avec *NPA*, le 30 août 1999 à 19 heures, le présentateur ne se doute pas qu'il va vivre une année très difficile, alors qu'il concrétise un rêve, et que cette *annus horribilis*, comme dirait la reine Elizabeth II, l'amènera sur une mauvaise route. Malgré tous ses efforts pour rajeunir l'audience et attirer de grandes stars internationales sur son plateau – David Bowie ou Bruce Willis, pour n'en citer que quelques-unes –, le style Nagui ne plaît pas aux plus âgés des téléspectateurs de Canal Plus. Dans les couloirs de la chaîne créée en 1984 par André Rousselet, quelques langues de vipère font remarquer que le ton de l'animateur véhicule une certaine médiocrité, inadéquate avec le fameux et néanmoins mystérieux « esprit Canal ». Pour un ancien chroniqueur-vedette de *Nulle part ailleurs* de l'époque Gildas-de Caunes, « *Nagui aimait sans doute sincèrement Canal, mais Canal ne l'a jamais aimé. On était un peu sectaires, nous les historiques de Canal, un peu cons sans doute aussi, et cet animateur nous paraissait trop camelot, trop vendeur, trop télé à l'ancienne. On ne mettait pas en cause son professionnalisme, mais son style, son personnage, sa tchatche un peu lourdingue pour nous. Sans le soutien de Lescure, il aurait été éjecté au bout de trois mois* ». Quelques semaines après ses débuts à *Nulle part ailleurs*, Nagui se voit en couverture de *Charlie Hebdo*, caricaturé en tête de chameau, une cigarette aux lèvres et avec le titre : « Nuit gravement à la santé ! ». Quant aux *Guignols de l'info*, ils se paient régulièrement la tête du successeur de Guillaume Durand dans des sketchs carnassiers qui font rire souvent jaune le principal intéressé. Comme celui intitulé « Télé-achat » où ils réduisent le talk-show de Nagui à sa plus simple expression, en le comparant à un vendeur un peu ringard, capable de fourguer à n'importe quelle ménagère à la fois le dernier film de Daniel Auteuil et « *la lingette magique qui torchera bébé* ». Cette manière de caricaturer l'animateur de *Nulle part ailleurs* ressemble aux critiques que lui adressent quasi quotidiennement sur Internet certains abonnés et fidèles de Canal Plus. Sur le site www.kestavuhier.com, le forum de discussion s'apparente littéralement à un tir aux pigeons. Nagui est la cible de presque tous les jugements, de plus en plus virulents au fil des mois : « *Ridicule ! Racoleur ! Affligeant ! Nagui a corrompu l'image de* Nulle part ailleurs *! Il aurait mieux fait de continuer à s'occuper de ses brosses à dents ! Canal Plus est devenue une chaîne "beauf", très convenue…* » Quelques railleries cruelles parmi d'autres qui touchent Nagui et pèsent sur son moral durant cette saison 1999-2000. Même certaines grandes personnalités, invitées dans *NPA* et habituées à converser avec des journalistes confirmés, comme Philippe Gildas ou Guillaume Durand, se moquent un peu de ce trublion cathodique venu des jeux télé grand public. Tel le regretté Philippe Noiret qui vient en janvier 2000 répondre aux questions de Nagui dans le cadre de la promotion de son nouveau film, *Le Pique-nique de Lulu Kreutz*. Le grand acteur met les pieds dans le plat, peut-être involontairement, en lançant à Nagui deux remarques susceptibles d'enflammer la polémique déjà enclenchée au sujet de l'avenir de *Nulle part ailleurs*. Lorsque Nagui lui a fait avouer qu'il était « allergique au céleri-rave », l'acteur se met à ironiser en soulignant que « *la conversation atteint un bon niveau…* ». Quand Nagui fait mine de se laisser embrasser sur la bouche par l'un des membres de la célèbre troupe des Robins des bois, ces humoristes (parmi lesquels Jean-Paul Rouve, Marina Foïs ou Maurice Barthélemy) dont les sketchs sont intégrés dans l'émission, Philippe Noiret lui demande s'il bénéficie d'une « *prime de risque pour ce genre de bouffonnerie…* ». Un ancien cameraman de l'émission, aujourd'hui retraité dans le sud-ouest de la France, se souvient que l'animateur a beaucoup souffert durant cette période et pour différentes raisons : « *Beaucoup de gens de Canal lui ont savonné la planche et se sont même comportés comme des salauds avec lui dans son dos, en le dénigrant à la moindre occasion. Que ce soit dans les coulisses du plateau, à la machine à café ou dans les couloirs de la chaîne… Au moins avec les Guignols de l'info, ils s'exprimaient ouvertement à l'antenne et Nagui savait à quoi s'en tenir. Je me rappelle qu'on critiquait même le fait qu'il roulait en Porsche noire et qu'il vivait dans le luxe parce que c'était un "voleur de patates" du service public ! Cela me choquait, car il devait forcément entendre toutes ces méchancetés. Il a aussi vécu un vrai racisme intellectuel, il n'était pas en odeur de sainteté à* Libération, Télérama *ou* Les Inrockuptibles. *Il y avait même un journaliste du* Figaro *qui avait écrit : "Comment ce Non-Français se permet-il de parler de notre culture littéraire ?"... En plus, il s'était séparé à ce moment-là de sa compagne, l'animatrice de La Cinquième, Marine Vignes, avec qui il a eu une petite fille, née en 1998. Et au mois de mars 2000, sa maman décédait, je sais qu'il avait un lien très fort avec elle, d'autant plus que son père n'était plus de ce monde. Elle était malade depuis quelques mois et il lui a fallu beaucoup de force pour tenir dans ce contexte.* » Dans cet océan de tourments professionnels et personnels, Nagui savoure son triomphe quotidien sur RTL : avec 2,5 à 2,8 millions d'auditeurs chaque matin, du lundi au jeudi entre 9 heures et 10 h 30, il connaît l'un des plus beaux succès radiophoniques de ces dernières années. Avec *Nulle part ailleurs*, les chiffres ne sont pas les mêmes. En remplaçant Guillaume Durand dès le mois de septembre 1999, il avait démarré sur les chapeaux de roues : 8,8 % de part de marché pour sa première semaine à l'antenne – soit 1,3 million de téléspectateurs pour la seconde partie, la première étant assurée de 18 h 20 à 19 heures par le tandem Alexandre Devoise-Philippe Vecchi –, le record de l'émission depuis le début de l'année. À la fin du mois de décembre, le premier bilan demeure positif puisque *NPA* a séduit quelques dizaines de milliers de nouveaux fidèles, en grapillant 0,2 point de part d'audience. Les premiers mois de l'année 2000 marquent toutefois un décrochage. La seconde partie de

Nulle part ailleurs, avec des semaines sous les 7 % de part de marché, voire parfois 6 %, repart à la baisse. Plus symbolique : la barre du million de téléspectateurs n'est pas toujours franchie. Cette baisse d'audience, qui se poursuivra au fil des mois, et l'ambiance au sein de Canal confirment le sentiment de Nagui : il n'est pas le bienvenu dans cette chaîne pas comme les autres. Il se considère même comme persona non grata. Un climat violent et une injustice qu'il ne peut pas supporter trop longtemps. Il en tirera les conclusions dans *Le Parisien* du 7 novembre 2001 : « *Peut-être qu'en acceptant de présenter* Nulle part ailleurs, *j'ai oublié les bases de notre métier en voulant rendre un rêve réel. Visiblement, les gens n'avaient pas très envie de me voir autour d'une table avec des invités et des chroniqueurs. Mais je ne regrette rien, surtout lorsque je compare mes propres audiences avec celle des émissions qui ont suivi...* » Alors que toute l'équipe de *Nulle part ailleurs* se prépare à installer son grand barnum habituel sur la plage de l'Hôtel Martinez pour ses émissions en direct du Festival de Cannes, qui doit se dérouler du 14 au 25 mai 2000, Nagui le Cannois a déjà pris sa décision, après en avoir discuté quelques semaines auparavant avec Pierre Lescure et surtout Alain de Greef : il va quitter Canal Plus après seulement dix mois à la présentation le 30 juin 2000. Une démission sans indemnités en accord avec la direction de Canal et la possibilité de produire d'autres documentaires et sitcoms pour la chaîne cryptée. C'est dans *Libération* du 20 avril 2000 que l'animateur lâche cette bombe, trois semaines avant les festivités cannoises qui représentent toujours un grand enjeu pour la chaîne et, plus inhabituel, bien avant la fin de la saison et de son contrat. Après une franche explication avec Alain de Greef, Nagui préfère jeter l'éponge car la nouvelle formule concoctée par le patron de l'antenne, scindant *NPA* en deux parties bien distinctes (l'une consacrée à l'information et l'autre au pur divertissement, de « déconnade » made in Canal), ne lui plaît pas du tout. « *Je ne la sens pas trop, ma place. Je ne veux pas devenir le passe-plat de l'émission et faire des enchaînements… Ce qui faisait pour moi l'intérêt et le croustillant de* Nulle part ailleurs, *c'étaient les deux casquettes : jouer le clown blanc et le clown triste, Gildas et de Caunes, à la fois parler d'inceste et balancer une vanne à la météo*, explique l'animateur dans *Libération. Quand Alain de Greef m'a présenté ce projet, je lui ai dit, avec un petit sourire en coin : "Je ne la sens pas trop, ma place." Il m'a dit : "Beennn, nooon." Il y a eu un gros silence. J'ai dit : "Je crois qu'il vaut mieux que j'arrête et que les choses se fassent tranquillement." Ce qui me plaisait à Canal Plus, c'était* Nulle part ailleurs *comme aujourd'hui. D'ici à juin, je vais essayer de faire évoluer la formule vers ce que je voulais faire à la rentrée, Alain de Greef m'a concédé de l'essayer pendant le Festival de Cannes. Mais j'ai vraiment la gorge serrée. Il m'est arrivé de travailler pour des gens qui ne m'aimaient pas. Là, je me sépare de gens que j'aime bien, c'est le paradoxe de la télé…* » Gentleman Nagui qui sait pertinemment que de nombreuses personnes au sein de Canal Plus auraient été prêtes à sabler le champagne pour se féliciter de son départ ! Ou alors, langue de bois d'un producteur avisé qui tient à conserver de bonnes relations avec ce client pour que les affaires d'Air Productions puissent prospérer en dépit de l'amertume, de la déception et des coups durs qu'il aura reçus tout au long de cette maudite saison 1999-2000.

Dans le Tout-Paris cathodique, la rumeur distille les noms de Thierry Ardisson, Christophe Dechavanne ou Alain Chabat pour s'installer dans le fauteuil de Nagui dès septembre 2000. Les patrons de Canal ont déjà entériné leur choix dès la rentrée de septembre 2000. Ce sera une nouvelle mécanique pour *NPA*, mélange de news et de rubriques ludiques, avec, à l'animation, un duo composé de Thierry Dugeon, grand reporter à la rédaction de Canal Plus et véritable « enfant de Canal », et Emmanuelle Gaume, ex-présentatrice du magazine people *Exclusif*, un programme quotidien produit par Arthur sur TF1. Pour Nagui, il s'agit de fermer la parenthèse Canal Plus la tête haute et d'effectuer un dernier baroud d'honneur. « *Se cambrer comme le torero et puis y aller* », dira-t-il quelques jours avant la dernière de *Nulle part ailleurs*, diffusée le 30 juin 2000 avec les trois derniers invités en direct sur le plateau, l'actrice Fanny Cottençon ainsi que les chanteurs Louis Bertignac et Paul Personne. Au sujet de ce rendez-vous manqué entre lui et la chaîne la plus branchée du PAF, Nagui confia à *Libération* du 20 avril 2000 une sorte de complexe d'infériorité intellectuelle quand il prit en mains *NPA* : « *Au début, je ressentais le besoin de prouver que j'avais droit à cette émission, que je ne suis pas con, que j'ai lu le livre, vu la pièce de théâtre ou le film. Je courais après une légitimité. On a beaucoup dit que je ne lisais pas les livres, jamais on ne m'a reproché quoi que ce soit sur la musique ou le cinéma. Quand Michel Polac est allé chez Bernard Pivot et que Pivot l'a taquiné sur le mode "Vous êtes allé chez Nagui", Polac lui a répondu : "On m'a posé des questions beaucoup plus intelligentes qu'ici. "* » Pour le dernier numéro de *NPA* à la sauce Nagui, son équipe a préparé un montage avec tous les invités reçus. Outre de nombreuses vedettes françaises, force est de reconnaître que le tableau de chasse pour le casting des guests internationales aura été impressionnant pour à peine dix mois d'émissions : David Bowie, Prince, Sting, Bruce Willis, Carlos Santana, Al Jarreau, Phil Collins, Peter Gabriel, Britney Spears, Mariah Carey, John McEnroe, Faye Dunaway, Melanie Griffith, Antonio Banderas, Sigourney Weaver, Marianne Faithfull, Andie MacDowell, Hugh Grant, Wim Wenders, Rosanna Arquette, Salman Rushdie, Oliver Stone, etc. Tous seront venus discuter et plaisanter en direct avec Nagui, parfaitement bilingue de surcroît, et jouer en live sur la scène de *NPA*. En guise de séquence d'adieux filmée sous la direction du réalisateur Serge Khalfon, l'animateur s'offre un ultime kiff avant de tirer sa révérence : jouer de la batterie sur le tube des Rolling Stones, *Jumpin' Jack Flash*, aux côtés des guitaristes-chanteurs, Louis Bertignac et Paul Personne. Avec le sentiment du devoir accompli et du travail bien fait. Quand quelques mois plus tard, il découvrira les propos à son égard, exprimés par son ex-patron Alain de Greef, dans les colonnes du *Monde* le 12 novembre 2000, il ressentira une réelle déception doublée d'incompréhension : « *L'épisode Guillaume Durand à* Nulle part ailleurs *s'est terminé dans le drame. Et Nagui, qui lui a succédé, n'a pas été une réussite… Nagui faisait une bonne émission, avec une densité et une qualité de travail extraordinaire. Mais, à cause de cela justement, l'émission est devenue un objet fermé, privé de dynamique. Moi, j'ai besoin de quelque chose de très ouvert, où tout peut arriver à tout moment. La version de* NPA *de Nagui était très bien, mais très mécanisée. Moi, je veux que ce soit un joyeux bordel avec un gros travail derrière. Or avec Nagui, le moindre détail était prévu, tout était prévu…* », martela le défunt patron des programmes de Canal Plus, disparu en 2015, à l'âge de 68 ans après une longue maladie. Pour Nagui le perfectionniste jusqu'à l'obsession quasi maladive et souvent étouffante pour ses collaborateurs ou techniciens, c'est une flèche en plein cœur. Une de plus car son expérience Canal aura vraiment ressemblé à un pénible chemin de croix quoi qu'il ait dit officiellement. Cette fin de parcours avec *Nulle part ailleurs* va marquer le début d'une véritable traversée du désert pour celui qui fait partie alors du top 5 des animateurs de la télévision. Comme il l'a raconté dans *Le Parisien* du 15 septembre 2019, cette période est son pain noir : « *Quand je me suis fait virer de* Nulle part ailleurs *sur Canal Plus en 2000, je ne bosse pas pendant un an et demi, mais j'ai toujours des gens qui travaillent à Air Productions. Jusqu'au jour où mon comptable me dit qu'il faut déposer le bilan. En 2006, RTL me vire. Sans avoir de pensées suicidaires, je me dis que le plus simple, ça serait que j'ai un accident mortel de voiture. Un jour, j'ai un rendez-vous à France 2 pour présenter quinze projets. Après une heure et demie, le patron de la chaîne laisse sa secrétaire m'annoncer que je ne serai finalement pas reçu. Il ne se déplace même pas… Dans le parking, je suis en larmes. J'ai 42 ans et je pense être has been pour l'éternité. Mon téléphone ne sonne plus. Plus personne ne me répond. La seule qui m'a soutenu, c'est Mélanie, ma femme. Elle me disait de ne rien lâcher…* » Sans le soutien et l'amour de Mélanie Page, la comédienne qui partage sa vie depuis plus de vingt ans et dont il a fait la connaissance lors d'une soirée dans sa villa de Saint-Tropez au début de l'année 2000, Nagui aurait même envisagé le pire. Pour ce boulimique de l'antenne, le suicide apparut, l'espace de quelques jours, comme la seule solution, face à une succession d'échecs. Plus dure a été la chute pour le présentateur-vedette de RTL et ex-roi des jeux de France 2 qui, à 39 ans, subit le premier gros revers de sa carrière, lequel en entraînera d'autres. Même si certains à Canal Plus se frotteront les mains en le voyant partir, d'autres lui resteront fidèles, à commencer par le PDG Pierre Lescure. Ce qui irritera fortement Alain de Greef comme s'en souvient une des responsables des programmes de la chaîne cryptée, toujours en poste actuellement : « *Alain et Pierre s'engueulaient souvent au sujet de Nagui. Pour Alain, c'était une totale erreur de l'avoir choisi comme remplaçant de Guillaume Durand et il disait que s'il avait accepté ce choix, c'était sur l'insistance de Lescure. Et Alain ne comprenait pas pourquoi son grand ami Pierre éprouvait autant de sympathie pour Nagui...* » Preuve de l'amitié entre Nagui et Pierre Lescure : quelques années plus tard, les deux hommes se retrouveront pour travailler ensemble, en 2010, sur Paris Première avec *Lescure : tôt ou tard*, un talk-show dominical programmé quelques mois, de novembre 2010 à juin 2011. L'émission est conçue dans l'esprit des late shows américains de Jay Leno ou David Letterman, avec Nagui comme producteur et Pierre Lescure à l'animation. Démoralisé, presque au bord de la dépression à la fin de l'aventure *NPA*, Nagui trouve le réconfort non seulement auprès de Mélanie Page, mais aussi au micro de RTL chaque matin. Sa popularité étant intacte auprès du grand public, en dépit du mauvais feuilleton Canal Plus, le PDG de France Télévisions, Marc Tessier, et sa directrice générale, Michèle Cotta, font de nouveau appel à ses services quelques mois à peine après son échec dans *Nulle part ailleurs*. Il renoue avec la présentation d'une émission quotidienne, dès le 22 janvier 2001, en animant sur France 2 *Tutti Frutti* de 18 h 20 à 19 h 15, un programme qualifié d'« éphéméride ». « *L'idée est de décliner la pastille que j'avais produite et proposée sur Canal Plus pendant* Nulle part ailleurs *qui s'appelait* Le Journal du jour, *pour survoler l'actualité*, indique à l'époque Nagui à l'AFP. *La ligne éditoriale va se trouver au fur et à mesure que l'émission va se faire. On veut garder un côté ludique. L'histoire ne se répète pas, elle bégaie… C'est purement anecdotique, c'est le simple plaisir de rappeler des événements qui peuvent avoir un côté nostalgique pour les plus âgés d'entre nous, mais des mômes de 12-15 ans sont ravis de réentendre les Beatles ou Claude François.* » Dans *Tutti Frutti*, Nagui sera entouré de cinq personnes pour deviner un événement culturel, sportif, social ou politique. Ses invités sont choisis pour « leur culture et leur sens de la repartie ». Les premiers s'appelleront Pierre Bellemare, Michèle Bernier, Roland Giraud, Sophie Duez et Ahmed Mouici, un des chanteurs de la comédie musicale *Les Dix Commandements*. Il s'agit, comme le suggère le titre de l'émission, « *d'un mélange de genres, un mélange de générations et de styles, qui fasse qu'au quotidien en moins d'une heure, on ait le sentiment d'avoir pu s'intéresser à tout, en trouvant des ponts entre le passé et le présent. Quand on évoque des faits de société, on n'arrive plus à savoir si cela a toujours existé ou si cela existe depuis trente ou cinquante ans. Aujourd'hui, à l'ère des ordinateurs portables, on a oublié que les ordinateurs des débuts occupaient une ou deux pièces complètes* », ajoute Nagui. Il souhaite pouvoir parler aussi bien de l'arrestation de Klaus Barbie que des Beatles. Mais ce concept, sans doute trop confus et quelque peu ambitieux pour l'horaire, ne va jamais captiver les téléspectateurs. La sentence tombe seulement trois mois après son lancement : *Tutti Frutti* est rayée de la grille des programmes de France 2 dès le 23 avril 2001 pour être remplacée par la série *Un agent très secret.* Un nouveau coup dur pour l'animateur qui se demande s'il ne commence pas à être atteint par une sorte de scoumoune cathodique. Deux revers coup sur coup sur deux chaînes différentes en l'espace de quelques mois, cela fait tache sur le CV d'un présentateur ! Et pendant cinq ans, Nagui va certes beaucoup s'activer en tant que producteur, mais aussi beaucoup se « planter » en tant qu'animateur. On ne compte plus les documentaires ou émissions spéciales produites par Air Productions et pour de multiples chaînes[1]. En outre, il fera l'unanimité, entre 2001 et 2006, avec son magazine hebdomadaire diffusé chaque vendredi vers 0 h 30 sur France 3, *Ombre et lumière* que présentera Philippe Labro, son ancien patron sur RTL. Alors âgé de 65 ans et après avoir dirigé la radio de la rue Bayard durant quinze ans, ce grand journaliste a envie de rebondir et aller dans une autre direction. Le concept que lui propose Nagui ne pouvait que l'attirer, ainsi qu'il l'explique : « *L'idée que*

1. Les 20 Ans de la Fête de la musique *sur France 3 ou* Maradona par Diego *sur Canal Plus en 2001,* Maurad contre le reste du monde *sur Canal Plus et* En route pour l'Eurovision *sur France 2 en 2002,* Vincent, Keren Ann et Bénabar *ou* À la vitesse de Jenifer *en 2003 sur Paris Première,* La Bande originale de ma vie *également sur Paris Première ou* M comme Matthieu *sur Canal Plus,* Dave, le doux voyage *et* Dalida, une femme dévoilée *en 2004 sur France 5...*

m'a présentée Nagui était séduisante et concrétisait une envie que j'avais depuis longtemps. Et Air Productions est une société qui m'intéresse. J'ai un très bon souvenir de Taratata, *de l'esprit de l'émission et de la recherche de qualité dans la réalisation de Gérard Pullicino.* Ombre et lumière *est un format qui sortait de la norme, loin du zapping absolu, de la jungle, du clip clip clip où les réponses fusent et les questions n'ont pas forcément de rapport avec les réponses. Ce n'est pas non plus un talk-show avec un animateur-vedette entouré de chroniqueurs. Dans chaque tête-à-tête de vingt-cinq minutes, j'ai cherché à mieux comprendre et mieux connaître une personnalité connue, hors des contingences de l'actualité, du service après-vente.* Ombre et lumière *correspond à ce que j'ai toujours aimé faire dans la presse écrite et dans mes romans. Le portrait est un exercice délicat et passionnant. Les gens connus sont souvent méconnus. Sans les violer ni les agresser, j'ai essayé, sans public ni tralala, de dévoiler leur personnalité en voyant quel fut leur itinéraire.* » Bel hommage de Philippe Labro à ce projet très service public initié par Nagui et qui s'arrêtera en 2006 pour une raison simple : le départ de Labro vers la nouvelle chaîne privée Direct 8 lancée en mars 2005 par Vincent Bolloré, conséquence de la décision de Patrick de Carolis, P-DG de France Télévisions, d'interdire à ses animateurs-producteurs de s'afficher sur des antennes concurrentes. Après Thierry Ardisson, qui quittera aussi France 2 par fidélité envers Paris Première, Philippe Labro abandonnera donc ses interviews intimistes et nocturnes pour se consacrer à Direct 8, la chaîne TNT dont il est aussi le vice-président. « *Je n'ai qu'une loyauté, elle va à Vincent Bolloré*, expliqua le présentateur d'*Ombre et lumière* à l'AFP en juin 2006. *Je comprends la démarche de Patrick de Carolis, mais je regrette l'arrêt d'une émission de qualité produite par Nagui. Je suis triste pour le service public.* » Comme le présentateur Nagui n'a pas vraiment le vent en poupe depuis les fiascos de *Nulle part ailleurs* et *Tutti Frutti*, le moral n'est guère au beau fixe dans les couloirs d'Air Productions.

Contrairement à ce qu'il a pu déclarer dans plusieurs interviews, la traversée du désert de Nagui n'a jamais été non plus celle qu'il a décrite, parfois avec outrance. Des animateurs comme Christophe Dechavanne ou Thierry Ardisson et, dans un autre registre, Patrick Sabatier, Philippe Risoli ou Bernard Montiel ont réellement disparu de l'antenne durant quelques années, voire définitivement. Pas Nagui. Entre décembre 2001 et décembre 2002, il présente et produit avec Air Productions *Le Numéro gagnant*, chaque dimanche à 17 h 30. Certes, il ne s'agit pas d'un show quotidien à une heure de grande écoute et cela peut ressembler à une sorte de voie de garage pour l'animateur habitué à une plus grande exposition. Faute d'audience, une nouvelle fois, ce programme passera à la trappe. Néanmoins, il aura été maintenu toute une année dans la grille de la chaîne. L'année 2003 ressemblera à un terrain vide et vague au niveau de l'animation pour Nagui, mais dès le mois de janvier 2004, la direction de France 2 lui offre une nouvelle case horaire plutôt attrayante, celle du samedi à 18 h 55. Yves Bigot, alors directeur des jeux, variétés et divertissements de France 2, a supprimé *C. pour de vrai*, le magazine de Christine Bravo qui a été un désastre à l'audimat. Il est vrai que TF1 a sorti l'artillerie lourde avec *Le Maillon faible*, présenté par l'efficace Laurence Boccolini. C'est donc Nagui et Air Productions qui sont appelés à la rescousse pour contrer cette émission venue d'outre-Manche, dont les Français raffolent. Nagui revient avec *Le Coffre*, un concept adapté du jeu israélien *Hakasefet*, acheté dans le monde entier. Rebelote dans l'échec : France 2 décide d'en stopper la diffusion dès le 18 décembre 2004. *Le Coffre* n'aura jamais réellement réussi à s'imposer face au *Maillon faible*, qui affiche quelque 5 millions de fidèles et 30,8 % de part d'audience, contre 13,6 % et moins de 2,4 millions de téléspectateurs pour Nagui. Qu'à cela ne tienne, Yves Bigot accorde de nouveau toute sa confiance à Nagui… Dès la semaine suivante et en pleine période des fêtes de Noël ! Avec *Encore plus libre*, Nagui se glisse dans le « costume » de Christine Bravo pour une nouvelle version de sa fameuse émission *Union libre*, entouré de chroniqueurs européens. « *C'était un peu n'importe quoi cette programmation*, juge une ancienne conseillère aux programmes de France Télévisions. *Nagui sortait de plusieurs jeux et on le mettait à la tête d'un magazine plutôt sociétal, même si axé dans le divertissement. Pour passer d'un concept à l'autre et d'une semaine à l'autre, il fallait vraiment qu'il y ait du copinage entre Bigot et Nagui pour permettre ça. Il n'y avait aucune logique éditoriale dans ce choix, sans nier les qualités d'animateur de Nagui évidemment. Mais c'est un peu comme si aujourd'hui sur TF1, Jean-Luc Reichmann arrêtait* Les 12 Coups de midi *un samedi et animait* 50 Minutes Inside *le samedi d'après. En même temps, Nagui avait bien accepté la coproduction et l'animation d'*Intervilles *pendant deux ou trois ans à cette période. Avec lui, il n'y a jamais de mauvais business…* » De 2004 à 2006, chaque été Nagui sera en effet aux commandes de ce divertissement ultra-populaire, tendance France profonde, imaginé dans les années 1960 par Guy Lux et Claude Savarit, à mille lieues de *Nulle part ailleurs* ou *Taratata.* Dans le quotidien gratuit *20 Minutes* du 5 juillet 2004, Nagui confie qu'il n'a pas hésité dix minutes avant d'accepter : « *Je ne suis qu'une pièce rapportée ! C'est Mistral Production, la société coproductrice avec Air Productions, qui a conçu cette nouvelle version. Et les dirigeants de France 2 qui m'ont proposé de la coanimer. Avec Juliette Arnaud, une comédienne géniale qui apporte un regard pétillant et ironique, on tente juste de donner à ce jeu une petite couche de couleur plus fraîche… On est sorti de la guerre de clochers que jouait le duo fondateur Guy Lux-Léon Zitrone.* » Un rendez-vous estival tourné en Allemagne devant un public peu concerné et diffusé à 19 heures le samedi, contrairement aux *Intervilles* de l'été 2005 qui renoueront avec la grande tradition made in France avec d'autres animateurs à ses côtés. Comme il l'expliquera au site toutelatele.com le 4 juillet 2005 : « *On avait tous envie de retrouver les fondamentaux du jeu : une émission itinérante dans différentes villes de France, deux équipes s'affrontant devant un public de 5 000 personnes, le tout en prime time. Bien sûr, on n'est pas à l'abri de quelques scènes de mauvaise foi entre les animateurs… On va se répartir les rôles avec Patrice Laffont, Nathalie Simon, le disc-jockey Philippe Corti et l'arbitre de football Robert Wurtz, comme une troupe de théâtre.* » Pour Nagui, c'est aussi un retour à l'enfance. Il regardait l'émission en famille avec le souvenir de fous rires, de gadins, des vachettes qui retournaient les candidats et des participants qui se prenaient des tartes à la crème, ou encore des disputes en direct entre les coprésentateurs d'alors, Guy

Lux et Léon Zitrone. Durant l'été 2006, où il se contentera du rôle de coproducteur dans les coulisses, Nagui devra faire face à la « mini-fronde » d'une dizaine de cameramen qui auraient pu mettre en péril la diffusion en direct d'*Intervilles* sur France 3, à Arles, avec le nouveau tandem Julien Lepers et Tex à la présentation. C'est ce que raconte l'un de ces cadreurs chevronnés, aujourd'hui à la retraite dans la région parisienne, et qui a travaillé avec tout le gotha de l'audiovisuel, allant des Carpentier à Guy Lux en passant par Jacques Chancel, Jean-Luc Reichmann, Olivier Minne, Georges Pernoud, Patrick de Carolis et bien d'autres : « *Quand nous sommes arrivés à Arles le samedi matin, nous avons rencontré le directeur de production d'Air Productions et comme à l'accoutumée, nous devions signer nos contrats de travail avant de commencer notre prestation. Mais contrairement à l'usage, on nous dit que notre journée de retour, c'est-à-dire le lendemain dimanche, ne serait pas payée. Nous avons donc refusé de poser nos signatures sur nos contrats et nous avons demandé un entretien avec Nagui en lui faisant comprendre que si nous n'étions pas indemnisés pour le dimanche, il n'y aurait pas d'*Intervilles... *Ayant vite compris que cela pouvait menacer le direct prévu à 20 h 45, il a dû accepter de nous rémunérer notre journée de voyage retour, même si on sentait que cela ne lui faisait guère plaisir de discuter argent avec nous. Tout le monde était ravi de cet arrangement et nous avons démarré sereinement les répétitions pour cet* Intervilles *du soir. Après être rentrés dans nos domiciles respectifs le lendemain et après le sentiment d'un beau travail effectué et même salué par la direction de France 3 lors d'un pot juste après l'émission samedi soir, nous apprenons deux ou trois* *jours plus tard, par une personne collaborant avec les réalisateurs, que toute l'équipe des cameramen était carrément blacklistée chez Air Productions, et que l'aventure s'arrêtait là pour nous, alors que nous devions tourner d'autres* Intervilles *les semaines suivantes. Notre demande légitime n'avait pas dû plaire à Nagui et je n'ai d'ailleurs plus jamais été embauché par Air Productions depuis cet épisode ainsi que mes collègues. Avec le recul, je trouve cela un peu lamentable de sa part…* » Une manière de souligner le caractère trempé de Nagui-producteur qui bénéficiera durant ces années du soutien d'Yves Bigot en dépit de ses échecs successifs. C'est ainsi qu'avec l'émission *C'est votre fête*, programmée en prime time durant les fêtes de Noël en 2004, France 2 lui donnera l'occasion de délirer une nouvelle fois comme au temps de *N'oubliez pas votre brosse à dents*. Mais le programme ne dépassera pas le cap du premier numéro. Selon Nagui, l'erreur est que « *la chaîne a programmé ce divertissement le mardi soir pendant les fêtes. On a sauvé les meubles mais l'audience n'a pas été celle attendue. C'est dommage. On ne nous a pas laissés le temps…* ». Contrairement à Jean-Luc Delarue et Michel Drucker sur France 2 ou à Arthur, passé à TF1, Nagui est celui qui peine le plus à se relever de l'affaire des animateurs-producteurs de l'ère Elkabbach. Interrogé par le site toutelatele.com durant l'été 2005, il semble tirer les leçons des années difficiles que son échec à *Nulle part ailleurs* a entraînées : « *C'est peut-être parce que je n'ai pas d'émissions régulières que France 2 transige moins avec moi qu'avec d'autres. Drucker, par exemple, peut se permettre quelques petites audiences puisqu'il cartonne le dimanche. Même chose pour Delarue avec* Ça se discute. *Arthur ne fait pas tout le temps des cartons mais il est à la tête d'Endemol. Il a su se diversifier, changer d'image. Moi, je n'ai pas de traitement de faveur. Ces gens qui ont peut-être été plus malins que moi, d'un point de vue industriel. Avec quelqu'un comme Christophe Dechavanne, nous avons des manières de travailler analogues et nous faisons partie des gens "charismatiques", pour utiliser un mot à la mode. L'inconvénient, c'est qu'on nous remarque tout de suite et que notre télé à nous, c'est bien souvent nous qui la créons ! Quand il y a échec, on ne nous rate pas, à la différence de certains animateurs plus inodores qui passent entre les mailles du filet… Et disons que j'ai suffisamment de temps d'antenne et que l'animation est devenue pour moi un plaisir de gourmet ! J'ai peut-être tout simplement compris la fragilité de mon métier. J'en suis sûr maintenant : l'intelligence est dans la diversification. J'ai acquis une force de travail, une manière d'exploiter un savoir-faire…* » Un savoir-faire également radiophonique et incontestable puisque depuis 1988 il est l'une des grandes voix de RTL avec son rendez-vous quotidien. Mais en juin 2006, il va de nouveau broyer du noir. Il est remercié sans ménagement ni indemnités, après dix-huit ans de bons et loyaux services. Axel Duroux, le président du directoire de la station, a décidé de couper des têtes afin de relancer la station de la rue Bayard, qui perd des points dans la guerre des audiences. Nagui fait donc partie des 70 personnes que Duroux, l'un de ceux qui ont lancé *Loft Story* sur M6 quelques années plus tôt, va sacrifier dans le cadre d'un plan d'économie et de refonte de la grille des programmes. Pour Nagui, c'est une flèche en plein cœur. La pilule est trop amère à avaler : « *Le 14 juin, Axel Duroux m'a reçu*, racontera-t-il au

Parisien juste après son limogeage. *Il m'a expliqué que je ne serais plus à l'antenne à la rentrée. Il m'a dit que l'émission que j'animais était trop "moi", que j'y étais trop impliqué humainement et que les radios ont maintenant des formats. Mais, dix jours avant, il me disait qu'il ne fallait pas écouter la rumeur disant que j'étais viré, qu'il réfléchissait et qu'il n'avait pris aucune décision. J'étais donc sidéré. Mais le reproche de trop d'implication personnelle, je le prends comme un compliment. La station m'a proposé l'équivalent de cinq mois de salaire, alors que j'ai eu des CDD renouvelés tous les deux ans depuis dix-huit ans. C'est comme un CDI. J'attaque donc RTL devant les prud'hommes, j'en fais une affaire de principe. Je trouve que RTL m'a manqué de respect.* » Nagui va donc traîner devant la justice du travail cette station de radio qui lui a tant donné et à qui il a aussi beaucoup donné. Il réclame 3,36 millions d'euros, dont 2,1 millions d'indemnités pour « licenciement sans cause réelle ni sérieuse ». Une somme qui paraît rondelette mais qu'il faut mettre en rapport avec le coquet salaire perçu par l'animateur comme le révèle la procédure : 13 236 euros par mois auquel s'ajoute, depuis 1994, un contrat de prestations de services de 3 660 euros par an à l'origine. Pour cette affaire, il choisit comme avocat un ténor du barreau et ancien ministre de François Mitterrand, Me Georges Kiejman. Pourtant, le dossier semble complexe, car Nagui n'était pas en CDI. Entre 1988 et 1994, le présentateur fut employé comme intermittent, avec des CDDU (contrats à durée déterminée d'usage) et à partir de 1994, Nagui demanda et obtint de RTL de ne plus signer ses contrats avec lui en personne, mais avec ses sociétés Diesair SARL et Air Productions. Une modification qui présentait des avantages fiscaux, car ce système permet de ne pas payer de charges sociales, ni patronales, ni salariales, voire pas d'impôts sur les bénéfices dans le cas où la société subit des pertes. Nagui demanda donc la requalification en CDI de ses différents contrats. En face, RTL, arguant avoir signé non avec Nagui mais avec sa société, affirme que c'est au tribunal de commerce de juger l'affaire, et non pas aux prud'hommes. Et l'animateur-producteur de rétorquer que ce montage avec ses sociétés, qu'il avait lui-même mis en place, était « artificiel ». Résultat, Nagui gagnera non seulement en première instance, mais aussi devant la cour d'appel que la radio avait évidemment saisie. Celle-ci se montrera très ferme dans son attendu : « *De 1994 à 2006, Nagui a continué à assurer les tâches d'animateur d'émissions de radio suivant une organisation fonctionnant toujours sous la direction, la maîtrise et l'autorité de RTL, laquelle avait le pouvoir de lui donner des directives, de contrôler l'exécution de ses activités, et de sanctionner ses manquements. Nagui exerçait ainsi ses activités en étant placé sous un lien de subordination, en contrepartie d'un salaire, avait le statut de salarié.* » Pourtant, avant même que la cour d'appel ne décide le montant des dommages, Nagui et RTL finirent par négocier une transaction à l'amiable en 2010, moyennant 1,5 million d'euros selon une source judiciaire, un montant que l'animateur n'a jamais confirmé ni dévoilé. Débarqué de RTL en juin 2006, il retrouvera une autre antenne dès le 4 septembre 2006 avec la matinale d'Europe 2 entre 7 et 10 heures en duo avec Manu Lévy. Un retour sur la bande FM, comme à ses débuts…

6
L'AVENTURE *TARATATA*

Quand on demande à Nagui quelle est son émission favorite parmi les très nombreuses qu'il a présentées, la réponse ne se fait pas attendre : « *C'est* Taratata *car, dans notre cuisine avec le réalisateur Gérard Pullicino, on rêvait d'entendre Michel Berger et Serge Gainsbourg mélanger leurs chansons et se tromper dans les notes. Personne ne voulait nous produire. J'ai dû créer ma société Air Productions qui a perdu de l'argent pendant un an et demi. Et puis* Taratata *a survécu à plusieurs arrêts. C'est la preuve qu'il ne faut rien lâcher, jamais.* » Afin de concrétiser ce projet, dont le concept est né dans une cuisine de Joinville-le-Pont, Nagui et Gérard Pullicino ont l'idée de faire une émission en direct avec des duos, en voulant retrouver l'esprit des shows de Maritie et Gilbert Carpentier, en bannissant les chansons en play-back, qui étaient la règle à cette époque. Tous les producteurs contactés s'étant défaussés, Nagui décide, au culot, de produire lui-même ce show en montant un dossier alors qu'il n'avait aucune expérience dans ce domaine des variétés live. Comme Jacques Chancel restera associé au *Grand Échiquier*, Michel Drucker à *Champs-Élysées* ou Jean-Pierre Foucault à *Sacrée Soirée*, Nagui a un lien quasi charnel avec son *Taratata*. Ce show musical sans nul autre pareil à la télévision française, et à la réputation internationale, donne à Nagui une double casquette qu'aucun autre présentateur du PAF ne peut porter comme lui, celle d'un bateleur de jeux populaires dans la droite ligne d'un Guy Lux ou d'un Jacques Martin, et celle d'un maître de cérémonie bilingue, maîtrisant parfaitement son sujet, accueillant le gotha de la musique pour des interviews bien menées, après des prestations artistiques qui font aimer la musique. Nagui considère *Taratata* comme son « enfant » cathodique chéri, même si le nom de ce programme n'est pas original. Jacques Martin proposa en effet, en septembre 1973, une émission de divertissement avec des chanteurs, qu'il coprésenta avec l'animatrice de RTL Évelyne Pagès, intitulée *Taratata* ! Elle s'arrêtera en juin 1974 quand Jacques Martin se lancera dans l'aventure du *Petit Rapporteur*. Et pourtant, personne ne voulait de ce titre quand Nagui le proposera à la direction des programmes de France 2 : « *Tout le monde trouvait ça ridicule*, se rappela le présentateur dans *Les Échos* en 2015. *Mais c'est le son qui donne le sens. Ça aurait pu être "Tsouin, Tsouin" ou "Poum Poum Tchack", je m'en fichais, je voulais une onomatopée.* »

L'aventure démarre le dimanche 10 janvier 1993. Invité sur le plateau du journal de 20 heures de France 2 pour parler de sa nouvelle émission hebdomadaire au nom un peu bizarre, programmée le soir même, celui qui anime alors *Que le meilleur gagne !* répond du tac au tac au présentateur du JT d'alors, Bruno Masure : « *Mon rêve, c'était d'appeler cette émission* Taratata *pour que des gens sérieux, comme vous, aient à le dire. Parce que je trouve que vous êtes un petit peu ridicule, avec votre image, quand vous dites* Taratata », lance-t-il au journaliste. À l'époque, on ne croit pas beaucoup en ce concept comme le remarque perfidement Bruno Masure : « *S'il y a trois téléspectateurs, vous aurez de la chance* », assène ironiquement le présentateur du JT. La réplique de Nagui fuse : « *Oui, mais à quatre on explose l'audience !* » Convaincu de la force de son projet, il utilise l'humour comme sa meilleure arme de promotion et met surtout en avant la qualité de *Taratata* en admettant que « *l'émission n'est pas en direct, mais enregistrée dans les conditions en direct. Ça chante en direct avec des vrais micros, des vraies voix, des vrais incidents, tout est là* ». Ces conditions du direct deviennent rapidement la marque de fabrique du programme qui, dès ses premiers numéros, voit défiler des grands noms de la chanson française. Comme Jean-Jacques Goldman, Bernard Lavilliers, Véronique Sanson, Alain Souchon, Maxime Le Forestier, Étienne Daho, Jane Birkin ou MC Solaar, mais aussi des stars internationales comme Lenny Kravitz, Dave Stewart, du groupe Eurythmics, Keziah Jones ou Tori Amos. Pour réussir son pari tant au niveau de l'image que du son, l'animateur réunit sa dream team : le regretté Patrice Cramer, disparu en 2016, en charge du son, Jean-Philippe Bourdon, aux lumières et directeur de la photographie, et l'incontournable Gérard Pullicino, à la réalisation. Le générique est plutôt crypté avec une musique signée Jean-Jacques Goldman, invité de la deuxième émission, Bernard Lavilliers ayant joué le jeu pour la première. On y lit que *Taratata* est une émission « goupillée » par Nagui et « dégoupillée » par Pullicino. Traduction : présentée par l'un et réalisée par l'autre. Gérard Pullicino, un des meilleurs metteurs en image de la télévision, est pour beaucoup, depuis la pénombre de sa régie, dans le style et le succès de *Taratata.* « *J'ai pas mal participé à sa conception*, s'est-il souvenu dans un de ses rares entretiens. *J'essaie d'intervenir toujours en amont des projets.* » Les deux hommes se sont rencontrés au début des années 1980. Cette époque où Nagui se faisait les dents sur France 3 Côte d'Azur. Gérard Pullicino revient de l'étranger où il a fait ses premières armes comme assistant-réalisateur aux USA, en Israël et en Allemagne. « *En fait*, raconte cet ancien élève de l'Idhec, *c'est la musique qui m'a amené à l'image. Quand j'avais 15 ans, j'étais batteur dans un groupe de rock qui connaissait un certain succès. Une équipe de télévision est venue tourner, trois jours durant, un reportage sur nous. J'ai été fasciné par leur travail, par le ballet des caméras, et j'ai décidé d'en faire mon métier.* » Gérard Pullicino est celui que Nagui considère comme son « second » frère. Pour autant, il n'a jamais oublié sa première vocation. Il aime se définir comme un musicien et un compositeur. Il a d'ailleurs signé la musique de nombreux génériques, comme celui de *La Roue de la fortune* ou celle du dessin animé *Les Mille et Une Nuits*. Pour *Taratata*, cependant, il s'est effacé devant Jean-Jacques Goldman : « *C'est trop génial* », disait-il dans *Le Monde* en 1995. Même si le chanteur refusa au début de signer ce fameux générique taratatesque, expliquant qu'il ne se compromettrait pas pour une émission avec un titre aussi stupide ! Avant de changer d'avis avec le succès que l'on sait. C'est sans doute la double formation de Gérard Pullicino qui a donné à *Taratata* son univers si particulier. Dès les premiers numéros, le concept était en effet fixé. Au lieu de montrer aux téléspectateurs une classique émission de variétés, *Taratata* a voulu restituer l'ambiance chaleureuse d'une répétition. Ce qui nécessitera de faire vraiment jouer les artistes et de les décontracter afin qu'ils improvisent et se livrent : « *La configuration du plateau s'est imposée naturellement,* a expliqué Gérard Pullicino. *Les musiciens devaient être en cercle pour se regarder les uns les autres, comme ils le font entre eux. Il fallait du parquet, comme dans les vraies salles de répétition. Quant aux quatre cents personnes du public, elles ne pouvaient que s'asseoir autour, en fer à cheval.* » Mais l'audience des quatre premiers mois de l'émission va se révéler catastrophique. C'est grâce à l'obstination et au sens du timing de Marie-France Brière, la directrice des variétés de France 2 qui couve Nagui, que la fin prématurée ne sera pas actée par la direction de la chaîne. Elle aura la bonne idée de programmer *Taratata* le jour de la Fête de la musique le 21 juin 1993, ce qui relancera le show. Avec un plateau exceptionnel composé, entre autres, de Julien Clerc, Véronique Sanson, Claude Nougaro, Maurane, Laurent Voulzy, Stéphane Eicher, Michel Fugain, Patricia Kaas ou la star sud-africaine Johnny Clegg. Cette affiche va rebooster *Taratata,* qui était vouée à la disparition, et remettre les pieds sur terre à Nagui qui gérait un peu n'importe comment cette émission, tellement son admiration pour les artistes pouvait lui faire oublier les réalités financières, comme s'en souvient une assistante de production de l'émission : « *Il ne savait pas vraiment résister à ses envies de fans et il voulait absolument les gens qu'il aimait dans* Taratata. *Le pire, cela a été avec la venue de Peter Gabriel, l'ancien chanteur de Genesis. Il ne pouvait venir que le 1er mai, or c'était non seulement un jour férié, mais en plus un dimanche. On a donc dû payer quatre fois les prestations de tous les techniciens et collaborateurs. Je crois que c'est l'émission qui a été la plus chère d'Air Productions en termes de salaires, et la direction financière de France 2 avait d'ailleurs sermonné Nagui à ce sujet. Heureusement que Marie-France Brière était là pour nous protéger et pour remettre Nagui dans le droit chemin…* »

Après trois années de diffusion, la mécanique de l'émission paraît bien huilée. Pour le menu de son show, Nagui s'appuie totalement sur sa fidèle collaboratrice Marie Prycko qui s'investit à 100 % dans sa mission depuis la création de *Taratata*, comme elle l'expliquait dans *Télé Star* en 2019 : « *Pour moi, la règle d'or, c'est d'aller voir énormément de concerts, quatre ou cinq par semaine. Quand on travaille sur une émission en* live, *on ne peut pas faire autrement. Et avec Nagui, on se répartit le travail. Je reçois environ cinq ou six CD ou pré-CD par semaine et j'écoute pratiquement tout. Ensuite, on fait une sélection et l'on ne retient que quatre artistes par émission. Ce qui n'est rien du tout. Malgré les soucis et malgré les problèmes, je ne me serais pas vue travailler pour une autre émission que pour* Taratata. *C'est pour ça que ça fait vingt-six ans que j'y suis. Et que Nagui me supporte !* » En septembre 1996, Nagui doit pourtant laisser les rênes de la présentation de « son bébé musical » à Alexandra Kazan, ex-Miss Météo de Canal Plus et ancienne présentatrice de *Top Flop*, un magazine culturel sur Paris Première. Sa double casquette d'animateur-producteur ne plaît plus en effet, à la haute direction de France Télévisions, alors confrontée à l'affaire des animateurs-producteurs. « *C'était mon plus beau moment de télévision, une parenthèse formidable. Je sortais de Canal Plus et j'ai été étonnée, flattée et effrayée que Nagui me fasse confiance*, se souvient l'ex-compagne d'Antoine de Caunes. *J'ai toujours été fan de cette émission. Je ne voulais surtout pas la chambouler. Je me suis même battue pour que le titre soit conservé.* » Mais le patron d'Air Productions restera très présent dans les coulisses et dans la régie comme l'a raconté Alexandra Kazan : « *Il était dans mon oreillette et il était assez directif. Nagui a une personnalité très forte… Il m'a appris plein de petites choses. Son aide a été précieuse, car je ne suis pas une spécialiste de l'interview.* » Pour ne rien laisser au hasard, Nagui, qui ne manque pas un enregistrement et se tient toujours prêt à rectifier le tir, recrute Alain Gardinier, un journaliste musical respecté, pour aider l'animatrice dans l'écriture des questions posées aux invités. Même s'il fait preuve de beaucoup d'attention à l'égard d'Alexandra Kazan, Nagui trépigne devant cette situation. On lui a arraché l'enfant qu'il chérissait tant en ne lui accordant qu'un droit de visite. Il ne comprend pas pourquoi cette histoire d'animateurs-producteurs l'a contraint à passer le flambeau à cette présentatrice-comédienne certes sympathique, mais qui ne parviendra jamais à s'imposer dans ce rôle. *Taratata*, c'est lui. Il en ressentira une immense frustration. Durant cette saison 1996-1997, Alexandra Kazan fera ce qu'elle peut.

Lorsque Nagui reprend la présentation de son show musical avec un plaisir quasiment enfantin et une passion intacte, c'est pour lui redonner de la force. Avec la ferme ambition de défendre son programme favori, de l'installer dans la durée, quitte à tenir tête aux dirigeants de France 2. Quand, en 1995, *Taratata* faisait déjà l'objet de menaces sur son maintien à l'antenne et sur son horaire de diffusion, l'animateur n'hésita pas à monter au front publiquement dans une interview parue dans *Libération* où il ne maniait pas la langue de bois : « *Il est hors de question pour moi de laisser mourir cette émission le vendredi à minuit. Soit elle revient à son horaire initial, en deuxième partie de soirée, soit elle meurt. On est en train de préparer des émissions avec des stars, Stevie Wonder, Barry White, Annie Lennox, et elles risquent de passer à minuit et demi. C'est pas normal. Les gens qui aiment la musique ont droit à une impro, un bœuf et du direct sur un artiste. La musique, c'est de la culture et c'est une mission de service public que de la programmer à une autre heure que minuit le vendredi soir. Il y a un discours simpliste qui consiste à me dire que toutes les deuxièmes parties de soirée sont prises. Alors, c'est effectivement vrai, mais j'ai moi aussi un discours tout aussi simpliste et tout aussi vrai en réserve qui est de dire : "Vous me dites : tout est pris, mais j'étais là avant, donc vous ne me prenez pas en compte…"* » Pourtant, même si la marque *Taratata* jouit au fil des années d'un véritable prestige et d'une magnifique réputation, aussi bien dans le milieu de l'industrie musicale que dans les médias, les audiences s'érodent et son coût de production s'avère trop élevé pour la direction de France 2. Pour tenir le budget, le quatuor Nagui-Pullicino-Cramer-Bourdon ne se paiera pas pendant de nombreuses années. Dès 1997, les enregistrements et leurs diffusions sont plus espacés, malgré la présence de grands artistes qui se succèdent comme Charles Aznavour, Sting, la chanteuse américaine Cyndi Lauper et bien d'autres. Il y aura certes quelques grands rendez-vous manqués avec des artistes que Nagui vénérait. Comme Prince qui ne viendra jamais, en dépit de nombreux échanges de mails ou de lettres. Ou bien les

Rolling Stones que l'animateur rencontrera dans leur loge après un concert mais qui ne donnèrent jamais suite. Une grande déception pour celui qui, adolescent à Cannes, avait remplacé le logo du réservoir de sa mobylette par celui des Stones. De même avec « *The Boss* », alias Bruce Springsteen. Après avoir exprimé son accord, la super star du rock « *born in the USA* » finira par annuler sa venue le jour même de la mise en boîte de *Taratata*, alors que tout était prêt. Motif évoqué par Springsteen : son épouse, la chanteuse Patti Scialfa, souhaitait faire du shopping et se promener dans les rues de Paris !

Programmée irrégulièrement, *Taratata* est carrément annulée en 2000 en dépit de sa qualité et ses deux 7 d'or de la meilleure émission musicale, en 1995 et 2000. Après une période de jachère, l'émission reviendra en 2005 avec un format plus long, diffusée tous les mardis en deuxième partie de soirée sur la TNT et France 4, la petite dernière de l'écurie France Télévisions. On y découvrira ainsi des talents encore inconnus du public français comme Devendra Banhart, Ayo ou Katie Melua, ainsi que de formidables bonus sur les coulisses ou les répétitions. À la fin des années 2000, la plupart des grandes vedettes françaises ou étrangères seront passées dans le show de Nagui. Pour lui, c'est l'immense fierté de son parcours : « *Sans blague,* Taratata *est un… j'allais dire bébé, mais merci de dire un bijou, une fierté, oui, ça c'est sûr. Mais il n'y a sincèrement aucune émission au monde qui ne fasse ça. C'est-à-dire autant d'artistes en aussi peu de temps pour autant de chansons, ça n'existe nulle part au monde et quand vous dites ça à un international qui n'est jamais venu, il ne vous croit pas. Une fois qu'ils sont passés, ils hallucinent…* »

En 2009, il décroche même une grosse exclusivité pour la télévision française : la venue de Lady Gaga, la nouvelle diva de la pop. La star américaine émerveille les téléspectateurs avec une performance de dix minutes, seule avec un piano. Les fans de Gaga sont aux anges et les néophytes découvrent une personnalité exceptionnelle, une créatrice à part entière, tant musicalement que visuellement. Cette diffusion sur la TNT va durer six ans, avec des rediffusions certes tardives, le vendredi vers 1 heure du matin, sur France 2. Mais les audiences ne sont pas au rendez-vous. France Télévisions annonce finalement l'arrêt de l'émission, vingt ans après sa création, le 31 mai 2013. Officiellement, cette suppression a été décidée pour des raisons budgétaires. Dans un entretien à *L'Obs* en octobre 2013, Nagui analysera cette décision : « *Quand j'ai appris ce choix, j'ai essayé de réagir avec élégance. Et j'ai simplement twitté que j'étais triste. Je n'ai pas voulu verser dans la petite phrase médiatique. Du coup, l'agressivité est plutôt venue de l'autre camp. Quand vous entendez un dirigeant de France Télé expliquer, sur une radio, que l'émission s'arrête parce qu'elle coûte trop cher… 66 000 euros pour quatre-vingt-dix minutes ! Tous les producteurs s'accordent à dire que c'est peu. Et pour cause : il ne s'agit pas de ce que* Taratata *coûtait, mais du prix auquel on vendait, ou plutôt sous-vendait, l'émission à France 2. Avec la même équipe depuis janvier 1993, on la faisait bénévolement : Gérard Pullicino à la réalisation, Patrice Cramer au son, Jean-Philippe Bourdon à la lumière et moi au micro. En tant qu'animateur, je ne prenais aucun salaire. Nous avons toujours essayé de rentrer au chausse-pied dans l'économie restreinte du service public, sans renier la qualité. Ceci nous a d'ailleurs valu cinq 7 d'or…* » En réalité, c'est Bruno Patino, alors directeur général délégué aux programmes, aux antennes et aux développements numériques de France Télévisions, qui ne supporte pas ce programme, pas plus que Nagui. Celui qui préside aujourd'hui la chaîne Arte est une tête bien faite (diplômé de Sciences-Po, de l'Essec et de l'université américaine Johns-Hopkins), il n'apprécie guère la personnalité de l'animateur de *N'oubliez pas les paroles*, comme le confie une conseillère aux programmes de France 2 : « *Pour Bruno Patino, Nagui symbolisait un mélange de vulgarité et de superficialité qui ne correspondait pas du tout à ce qu'il envisageait pour le service public. Entre les deux hommes, le courant n'est jamais passé. Patino n'a pas eu beaucoup de mal à convaincre Rémy Pflimlin, le PDG de France Télévisions, d'arrêter* Taratata *avec une stratégie derrière tout ça : cantonner Nagui aux jeux et le démotiver dans sa collaboration avec France Télé. Bruno Patino nous disait régulièrement que Nagui, c'était parfait pour TF1 ou M6. Cela ressemblait plus à une affaire personnelle qu'à un véritable choix éditorial. Car même si* Taratata *ne cartonnait pas à l'audimat, l'émission était tout à fait dans l'esprit du service public.* » Dès l'annonce de l'arrêt de *Taratata*, Bruno Patino s'empressera d'ailleurs d'indiquer que l'émission de Nagui était remplacée par un magazine musical en deuxième partie de soirée à la rentrée, trois fois par mois, et un live de quatre-vingts minutes à la même heure, une fois par mois. En ajoutant que cette programmation serait associée à un dispositif numérique ambitieux. Une réelle blessure pour Nagui qui se voit dépossédé de son « bébé » même s'il ne tient pas à jouer les victimes lors d'une interview sur Canal Plus en septembre 2013 :

« *Qu'une personne à la direction de France Télé n'ait plus envie de voir* Taratata, *c'est une chose. Mais quand un animateur est présent deux fois par jour à l'antenne, le midi et le soir, difficile de pleurer sur son manque de reconnaissance. Je ne cherche pas à animer absolument une émission pour pouvoir dire : "J'ai des amis dans le show-biz." Avec* Taratata, *j'ai croisé les plus grandes stars de la musique. Et puis j'ai déjà eu ce syndrome : quand je présentais* Nulle part ailleurs *au Festival de Cannes, j'étais un dieu vivant… Il faut avoir beaucoup de recul, se dire que la roue tourne dans les deux sens : au top on peut aller en bas, et ce n'est pas parce qu'on est en bas qu'on ne sera jamais au top. Mais avoir la lucidité quand on est en haut, c'est plus rare…* » Dans cette mauvaise passe, il peut compter sur son public. Car les fidèles de *Taratata* se sont rapidement et spontanément mobilisés à travers une pétition contre l'arrêt du show. Dès le 4 juin 2013, elle dépasse 100 000 signatures. Pour Benjamin des Gachons, le directeur des campagnes de la plateforme de pétition en ligne change.org sur laquelle l'appel a été lancé, « *cette pétition est la plus virale que nous ayons jamais recensée en France à l'époque. D'autres avaient déjà dépassé les 100 000 signatures sur notre site, mais c'est la première fois qu'une pétition atteignait ce chiffre aussi rapidement* ». À l'origine de ce mouvement, on trouve un simple et modeste fan de l'émission prénommé Alex, qui ne pensait pas que son initiative prendrait autant d'ampleur. « *À chaque minute qui passe, ils sont des dizaines à signer la pétition, à diffuser le lien vers la pétition, et à rejoindre notre page Facebook* », confiera Alex, très impressionné par la popularité et le capital de sympathie de *Taratata* et de Nagui. Mais pas question pour le patron d'Air Productions de laisser mourir son chouchou cathodique, devenu un programme culte du service public. Pour ressusciter *Taratata*, évincée de la grille de France 2 officiellement en raison de son ratio coût-audience trop élevé, Nagui mise sur Internet. C'est une réponse aux milliers de fans qui se sont mobilisés sur les réseaux sociaux pour ne pas éteindre le son de *Taratata*, né vingt ans plus tôt. « *Le soutien de la toile en juin m'a fait réfléchir, la motivation des internautes était là pour qu'on ne lâche rien, j'avais trois semaines pour réagir*, explique l'animateur lors d'une conférence de presse en septembre 2013. *Cent soixante et un mille personnes ont signé une pétition ! Je n'avais pas le droit de renoncer. C'est l'équivalent de dix Bercy qui hurlent "Une autre !". J'ai donc eu envie de continuer, pas seulement pour mon ego surdimensionné, mais parce qu'il y avait cette attente. Je ne pouvais pas proposer l'émission à une autre chaîne puisque j'ai un contrat d'exclusivité avec France 2. Avec des partenaires comme YouTube, Ventes privées, My Major Company et d'autres, j'ai pu prendre le risque industriel de fabriquer une émission… sans diffuseur cathodique ! Au départ, nous sommes partis sur le Web parce que la télé ne voulait plus de nous. Mais, très vite, nous avons inversé les choses : nous allons sur Internet pour faire ce que nous ne pouvons pas faire à la télé. Chaque internaute pourra ainsi suivre les choix de réalisation de Gérard Pullicino ou alors réaliser sa propre émission ! Et puis la démarche est inédite : l'émission sera d'abord diffusée sur Internet et sera ensuite en replay sur RTL 2 et TV5 Monde.* » C'est le vendredi 18 octobre 2013 que *Taratata* rejaillit donc à la surface sur Internet et dans un format hebdomadaire de trente minutes avec pour premiers invités : Ayo, Patrice et Cats on Trees. Le show version numérique est disponible dans son intégralité et découpé pour s'adapter à la consommation web et aux smartphones, sur la chaîne dédiée Youtube.com. Mais un jour avant la diffusion, les 13 millions de membres – et 2,5 millions de visiteurs quotidiens – de la communauté du site vente-privee.com recevront un mail pour visionner gratuitement l'émission en avant-première. Vente privée qui a mis en vente en exclusivité les places pour le concert des 20 ans de *Taratata*, le 10 octobre 2013 au Zénith – les bénéfices sont reversés à la Fondation pour la recherche médicale –, est le nouveau partenaire média principal de l'émission, même si le site de déstockage ne touche pas un euro dans cet accord. « *Notre objectif, c'est de promouvoir le site. On a toujours communiqué en résonance avec les marques.* Taratata *en est une, prestigieuse* », souligne Jacques-Antoine Granjon, patron du site, présent aux côtés de Nagui lors de cette conférence de presse du 11 septembre 2013. Le site mettra aussi à disposition du présentateur le Théâtre de Paris dont il est propriétaire pour un festival de jeunes talents. Après la première diffusion sur vente-privee.com et YouTube, *Taratata* sera sur tous les écrans. À la télévision notamment, sur les huit chaînes de TV5 Monde dont Yves Bigot, proche de Nagui, est devenu le directeur général en janvier 2013. Mais aussi en vol et dans le train, avec les longs-courriers Air France et dans les IDTGV. Sans oublier la radio, sur RTL 2, chaque lundi soir à 21 heures. Les sponsors historiques de l'émission ont répondu présents, comme le Crédit mutuel ou encore les cinémas Pathé, qui retransmettront en direct dans les salles obscures le concert anniversaire. « *On vendait à France 2 un numéro de* Taratata *66 000 euros. Le coût de production ne va pas beaucoup baisser, puisqu'il ne s'agira pas d'une nouvelle formule* low cost. *On tournera cinq émissions par jour. Le plateau de 1 400 m², la réalisation et les lumières restent les mêmes* », détaille Nagui qui ne veut rien lâcher. En l'absence de grand diffuseur, Nagui devra aussi trouver des ressources financières ailleurs. Le producteur pense d'abord à des publicités diffusées sur les vidéos mais aussi à la générosité des fidèles du show musical. C'est ainsi qu'un « Club Taratata » sera créé en partenariat avec My Major Company, la plateforme participative de financement des artistes fondée par Michael Goldman, le fils de Jean-Jacques Goldman, qui met en contact les deux hommes. À partir de 1 euro pour financer l'émission, les membres auront en échange des cadeaux et des accès privilégiés à l'émission. En dépit de ces nombreux partenaires, Nagui ne rentrera pas dans ses frais. « *Je cherche toujours des partenaires, qu'ils aient des gros sous ou que je sois obligé de porter la casquette avec leur marque pendant l'émission* », ironisera l'animateur lors de la présentation de ce mécanisme. Car *Taratata* coûte cher à produire d'autant que les artistes seront payés pour y participer. « *Malgré la crise, il y a des gens qui prennent des risques, il faut le dire. Nagui en prend avec ce nouveau projet* », soulignera Jacques-Antoine Granjon. *Taratata* n'est donc pas morte en dépit de sa suppression par France 2. Nagui semble plus déterminé que jamais à lui donner un nouveau souffle en touchant sur Internet de nouveaux publics. Mais dans son for intérieur, il ne rêve que d'une chose : le retour de son enfant chéri sur une chaîne hertzienne. Son désir ne mettra pas longtemps à être assouvi. Quelques jours après son arrivée à la présidence de France Télévisions, Delphine Ernotte annonce l'une de ses premières grandes décisions : reprogrammer *Taratata* sur France 2. La patronne des chaînes du service public le révèle sur France Inter le 4 septembre 2015 : « *Nous avons décidé d'avoir la 500ᵉ de* Taratata *en première partie de soirée sur France 2, avec Nagui. La première lettre que j'ai reçue en tant que présidente de France Télévisions, c'était celle d'une téléspectatrice qui me disait : remettez* Taratata. *Donc voilà ! Après il y aura une émission en deuxième partie de soirée.* » On sable le champagne dans les bureaux d'Air Productions alors que Nagui planche déjà sur ce come back tant attendu. Pour ce retour, le succès sera au rendez-vous. Le 25 octobre 2015, 4,3 millions de téléspectateurs suivent *Taratata* avec un concert de gala en première partie de soirée, un samedi. Avec près de 21 % d'audience, qualifiée d'« historique » par la chaîne, le show de Nagui s'approchera du mastodonte de TF1, *Danse avec les stars*, diffusé au même moment avec 4,9 millions de téléspectateurs et 24 % de part d'audience. « Taratata *fait chanter et danser les téléspectateurs. Audience historique pour l'émission. Bravo à Nagui et à tous les artistes !* » tweete Delphine Ernotte. De Johnny Hallyday à Kendji Girac, en passant par Alain Souchon, Laurent Voulzy et la famille Chedid ou les rappeurs Maître Gims, Black M et Youssoupha, *Taratata* réunit ce soir-là quelques-uns des plus gros vendeurs de disques du moment, avec de nombreux duos. Une affiche essentiellement française, composée d'habitués des plateaux télé avec peu de nouveaux visages. Après cette exceptionnelle soirée de relancement, *Taratata* était destinée à revenir à l'antenne une fois par mois, en deuxième partie de soirée comme promis par Delphine Ernotte qui entretient des rapports chaleureux avec Nagui ainsi qu'il l'explique : « *Avec Delphine Ernotte, on s'est tout de suite entendus : elle voulait remettre* Taratata *à l'antenne, cela ne pouvait que me plaire, elle m'a imposé des Zéniths, j'ai hésité puis foncé, tout s'est fait sur un regard et une poignée de main, alors qu'elle n'avait pas totalement pris ses fonctions.* » Cette promesse se concrétisera le vendredi 27 novembre 2015 avec pour invités de ce véritable redémarrage, Patrick Bruel, Joey Starr et Louise Attaque. Pour Nagui, l'épopée *Taratata* se poursuit sans discontinuer depuis la prise de fonctions de Delphine Ernotte, véritable fan du programme et aussi fine stratège du PAF comme le confie un membre de la direction de France Télévisions : « *Elle ne pouvait pas ne pas ramener* Taratata *et son animateur historique sur le service public car Nagui est une véritable poule aux œufs d'or pour le groupe avec ses autres émissions qui engrangent des importantes ressources publicitaires. Cela a joué dans sa décision.* » Car sans Nagui, France Télévisions serait une entreprise très fragilisée.

7

LA POULE AUX ŒUFS D'OR DE FRANCE TÉLÉVISIONS

On le surnomme « Monsieur 30 % », en référence au chiffre d'affaires publicitaire qu'il représente avec ses émissions pour France Télévisions. Certains experts estiment même qu'il s'agirait d'un montant plus élevé. Même s'il a rendu en avril 2021 son tablier d'animateur de *Tout le monde veut prendre sa place*, personne ne peut la prendre et se transformer, comme lui, en poule aux œufs d'or du groupe de l'audiovisuel public.

À France Télévisions, Nagui n'a pas seulement réussi à s'imposer comme l'un de ses visages incontournables et populaires, il est aussi parvenu à en devenir la « locomotive publicitaire ». Une machine à cash comme l'est Cyril Hanouna pour C8, dont France Télévisions ne pourrait pas se passer, au risque de perdre une grande partie de ses recettes de publicité. Grâce, en particulier, à *N'oubliez pas les paroles* juste avant le JT de 20 heures, chaque jour, depuis décembre 2007. « *Nagui rapporte plus d'argent qu'il n'en coûte*, confesse-t-on à la direction de la publicité de la chaîne. *Ce partenariat est un incontestable succès pour France Télévisions, construit autour du programme d'access* N'oubliez pas les paroles. *Ce divertissement de qualité correspond entièrement à nos missions de service public. Il permet de fédérer chaque jour un large public, particulièrement jeune et diversifié, qui correspond aux objectifs de la télévision publique.* » C'est un fait. Chaque numéro est facturé 40 000 euros, soit presque 80 000 euros de moins qu'un épisode du feuilleton de TF1, *Demain nous appartient*, programmé au même moment. Et ce jeu musical rapporte 200 000 euros par jour, soit 40 millions de recettes publicitaires par an, équivalent à 20 % du chiffre d'affaires global de France Télévisions, grâce à une audience moyenne de 4,5 millions de fidèles ! Pour Philippe Nouchi, expert à Publicis Media, *N'oubliez pas les paroles* a tout pour séduire les annonceurs après avoir conquis les téléspectateurs : « *L'âge moyen de ses téléspectateurs est de 45 ans, alors que celui de la chaîne est de 59 ans. Et le public est plutôt féminin (les fameuses "ménagères"), avec une bonne proportion de cadres.* » Aujourd'hui, Nagui figure parmi les animateurs favoris des marques avec Cyril Hanouna pour C8 ou Yann Barthès sur TMC, l'une des filiales du groupe TF1. « *Si on m'avait dit que* N'oubliez pas les paroles *dépasserait TF1, je n'y aurais pas cru* », s'étonnait Nagui en 2017. Avec son karaoké géant, l'animateur-producteur dépasse le très suivi *19/20* de France 3 et, surtout, *Demain nous appartient*. Idem du côté des cibles publicitaires. Le replay qui profite à la série de TF1 ne suffit pas toujours à combler l'écart. Cette redistribution des cartes est historique. Trente ans après le succès de *Que le meilleur gagne !* sur France 2, Nagui a repris son titre de champion de l'access prime time. Ce triomphe de *N'oubliez pas les paroles*, il le doit à un autre présentateur du service public : Thomas Isle. Avant de coanimer *La Quotidienne* sur France 5 avec Maya Lauqué, il a exercé le métier de développeur d'émissions de télévision : « *J'ai commencé dans une boîte de production qui s'appelle Freemantle, qui fait notamment* Questions pour un champion *et* L'amour est dans le pré. *Chez Freemantle, j'ai créé une émission, un jeu de dating qui s'appelle* Take me out, *qui s'est vendue dans une vingtaine de pays. Ce qui fait que Nagui m'a repéré et m'a fait venir chez lui, à Air Productions.* » Sans Thomas Isle, *N'oubliez pas les paroles* aurait pu être présentée par Benjamin Castaldi sur TF1 ! Dès son arrivée dans la société de Nagui, Thomas Isle repère un programme américain qu'il voudrait faire adapter en France par Nagui, intitulé *Don't Forget the Lyrics*, comme il l'explique : « *J'ai dit à Nagui qu'il y avait un jeu formidable à l'étranger qui alliait ses deux casquettes : la musique et le jeu. Il a adoré tout de suite.* » Il fallait ensuite qu'Air Productions et France Télévisions achètent les droits d'adaptation pour la France de ce jeu diffusé sur la chaîne américaine Fox, et se battent contre TF1 qui voulait aussi acquérir le concept de l'émission qui aurait été présentée par Benjamin Castaldi. Finalement, Nagui parviendra à décrocher les droits grâce à France 2 qui confirme immédiatement qu'elle va mettre le programme à l'antenne, plutôt que de poser simplement une option. C'est ainsi que *N'oubliez pas les paroles* débutera sur France 2 le 15 décembre 2007 avec le triomphe que l'on sait. Une réussite due, en partie, au flair de Thomas Isle qui ne perçoit aucun droit sur cette adaptation. Avec ce format, sans oublier *Tout le monde veut prendre sa place*, les numéros spéciaux de *N'oubliez pas les paroles* et de *Tout le monde joue*, *Taratata*, le jeu quotidien

Tout le monde a son mot à dire, présenté chaque jour à 18 heures par le tandem Olivier Minne et Sidonie Bonnec, Chacun son tour ou des fictions, produits par Air Productions, Nagui est devenu un véritable État dans l'État France Télévisions. « *C'est clairement du favoritisme*, regrette un producteur du service public pour qui France 2 est "Nagui-dépendant". *Comme il rapporte beaucoup, beaucoup d'argent à France Télévisions et donc à l'État, Delphine Ernotte ne peut rien lui refuser. Et ça en énerve beaucoup...* » Comme Patrick Sébastien qui ne maniait pas la langue de bois en constatant cette domination de Nagui à France 2 lors d'un entretien sur France Bleu Gascogne, en février 2020 : « *Aujourd'hui, Nagui a tout ! Il est producteur des émissions toute la journée et comme il tient l'access, s'il filmait son frère en train de faire du vélo, il aurait un prime !... Nagui, France 2 lui appartient ! Moi, je suis dans la vraie vie. Pour* Intervilles *qu'il veut refaire, ils ont décidé de ne pas mettre de vachettes... Qu'est-ce que tu veux que je te dise ? Là, c'est un truc pour faire du fric, c'est tout. Donc ça va être fait à l'économie, pour que ça rapporte un maximum, comme tout ce que Nagui fait à la télé aujourd'hui. La télé, c'est devenu ça aujourd'hui : il faut faire les choses pour qu'elles rapportent au producteur...* » Rançon du succès, les chaînes privées convoitent Nagui. « *On se parle régulièrement avec les patrons de M6 ou de TF1* », reconnaît Nagui. La Six aurait tenté de le débaucher à plusieurs reprises. Mais l'animateur est un habile négociateur. En 2015, des rumeurs annonçaient son départ de France Télévisions et son arrivée sur M6. « *Nous lui proposions deux quotidiennes et des prime times*, avait raconté en 2016 Nicolas de Tavernost, le PDG de M6 au mensuel de la presse économique *Capital*, désormais propriété du groupe Vivendi. *Mais Delphine Ernotte s'est bien débrouillée.* » La patronne de France Télévisions lui a proposé en effet une offre en or faisant de Nagui l'homme incontournable du groupe : la production d'un jeu sur France 3, l'animation de deux autres programmes sur France 2, une douzaine de prime times et bien sûr le retour de *Taratata*. Depuis, le groupe de l'audiovisuel public commanderait, directement et indirectement, autour de 30 millions d'euros d'émissions à Air Productions. Nagui aurait aussi reçu des garanties concernant le maintien du format de ses émissions, ou l'assurance de présenter une éventuelle émission qui remplacerait *Tout le monde veut prendre sa place*. Dans ce contrat, il s'est aussi vu accorder la possibilité de présenter son émission quotidienne sur France Inter, *La Bande originale* entre 11 heures et 12 h 30, soit à la même heure que *Tout le monde veut prendre sa place*. Avec cette précision de la direction de France Télévisions : « *Sous réserve que cela ne provoque pas des réactions négatives de téléspectateurs et auditeurs, il était naturel de faciliter la présence d'un animateur sur une antenne du service public.* » Une productrice qui collabore régulièrement avec France Télévisions à des émissions de divertissement estime anormale la place accordée à Nagui et sa société sur France Télévisions : « *Je ne nie pas que Nagui est l'animateur préféré des Français et qu'il rapporte beaucoup de publicité à France Télé. Mais Delphine Ernotte et sa direction des programmes lui confient un nombre de budgets un peu injustifié par rapport aux autres entreprises. Il serait bien de rééquilibrer la balance même si c'est vrai qu'il constitue vraiment la poule aux œufs d'or du service public. Mais on ne peut pas non plus tout bâtir uniquement sur sa puissance à l'audimat, c'est dangereux et pas cohérent avec l'esprit du service public. Et si Nagui file vers une chaîne privée, cela voudra-t-il dire que France Télévisions s'effondrera ? Je ne le pense pas, mais Nagui joue indirectement avec ce pouvoir indéniable qu'il a...* » S'il est bien conscient de ce « poids indéniable » au sein des programmes de France Télévisions, en particulier grâce au chiffre d'affaires publicitaire qu'il rapporte à l'audiovisuel public, Nagui a officiellement un discours très prudent et réaliste sur ce statut : « *Mais ce n'est pas pour cela que vous devenez intouchable. Personne n'est intouchable dans ce métier. Demain, il y en aura un autre qui prendra votre place, comme il y en a eu un autre qui tenait votre poste avant. Il faut travailler comme un artisan, revenir sur l'ouvrage. Tout est fragile, les émissions ne doivent pas se ressembler, être fidèles au concept, pour ne pas dérouter le téléspectateur, tout en restant original...* », disait-il dans les colonnes de l'hebdomadaire *Le Point* le 25 décembre 2019. Il n'empêche, le soupçon de favoritisme de la part de la direction de France Télévisions à l'égard de l'animateur-producteur reste toujours sous-jacent dans les discussions entendues, çà et là, au sein du PAF. Plus de vingt-cinq ans après l'affaire des « voleurs de patates », pour reprendre l'expression infondée des *Guignols de l'info*, Nagui a de nouveau été au cœur d'une polémique à la fin de l'année 2020, même si celle-ci n'a pas eu l'impact de l'affaire précédente. Le 6 novembre 2020, Frédérique Dumas, députée des Hauts-de-Seine affiliée au parti Régions et peuples solidaires après avoir été membre de La République en marche, avait interpellé Roselyne Bachelot, ministre de la Culture, à l'Assemblée nationale, à propos du contrat passé entre France Télévisions et Air Productions de 2017 à 2020. D'un montant de 100 millions d'euros, ce contrat avait fait l'objet d'une enquête approfondie du site Mediapart en juillet 2020, menant au dépôt d'une plainte pour abus de confiance par la Confédération générale des cadres, suivie de l'ouverture d'une enquête préliminaire par le parquet de Paris. Comme elle s'y était engagée, la ministre lui avait répondu par courrier le 12 janvier 2021. Mais Frédérique Dumas, ancienne productrice de cinéma à qui on doit, entre autres, *The Artist* de Michel Hazanavicius, *Gainsbourg* de Joann Sfar, ou *Welcome* de Philippe Lioret, s'est dit « choquée » par le contenu de cette lettre. Ex-conseillère pour la culture du candidat Macron lors de la campagne présidentielle de 2017, la parlementaire assure que le montant de cet accord signé par Nagui avec France Télévisions pour fournir des programmes (*Tout le monde veut prendre sa place*, *N'oubliez pas les paroles*, *Tout le monde a son mot à dire*, *Taratata*, etc.) sur la période 2017-2020 « *n'est pas obligatoirement le sujet* ». Pour Frédérique Dumas, ce sont principalement « *les clauses exorbitantes du droit commun et dérogatoires par rapport aux usages professionnels. Il n'y a pas d'exigence d'audience, il n'est pas prévu d'audit, la commande porte sur certaines émissions dont le concept n'est pas précisé alors que le montant financier, lui, est bien garanti* », souligne l'élue qui estime que « *si Roselyne Bachelot ou Bruno Le Maire, le ministre de l'Économie, ne sont pas directement responsables du contrat, ils le sont d'une gouvernance* ». L'ancienne macroniste juge que l'État ne peut se satisfaire des explications fournies par France Télévisions et doit exiger des preuves sur le respect des procédures au sujet de ce contrat entre France Télévisions et Nagui : « *Des représentants de l'État siègent au conseil d'administration de France Télévisions. Ils ont manqué de vigilance ? Le contrat leur a-t-il seulement été soumis ? Que l'entreprise assure qu'elle a respecté les procédures, cela ne suffit pas ! La ministre doit obtenir les preuves : convocation du comité, ordre du jour, procès-verbal... C'est une question de principe.* » La députée des Hauts-de-Seine se montre d'autant plus vigilante en faisant référence au dossier de 1996 sur les contrats des animateurs-producteurs où Nagui était déjà mis en cause. « *Un élu s'était intéressé aux contrats des animateurs-producteurs. Il était alors apparu – et cela faisait partie du scandale – que Jean-Luc Delarue ne déposait pas ses comptes. Cela n'a pas changé ? Bien sûr que ce n'est pas réglé !* » a noté Frédérique Dumas qui affirme également que Roselyne Bachelot elle-même lui aurait confirmé que des sociétés de production telles que Banijay (le puissant groupe audiovisuel international présidé par Stéphane Courbit, dont fait partie Air Productions depuis son rachat en 2008 par Banijay) continuent aujourd'hui de s'affranchir de cette obligation légale sous prétexte de protéger ces informations jugées sensibles. « *Quand on travaille avec le service public, ce genre d'argument est inaudible. Il s'agit de l'argent du contribuable !* » tonne Frédérique Dumas. Devant cette mini-tempête, Nagui n'est pas entré dans le jeu de la parlementaire. Alors que la France était de nouveau soumise à une période de confinement et de restriction, l'opinion et les médias n'avaient sans doute ni l'envie, ni le besoin de s'intéresser au contrat signé entre Nagui et France Télévisions. Pas plus que les informations du mensuel *Capital*, en 2018, sur le salaire annuel du présentateur qui se situerait entre 750 000 et 1 million d'euros, n'avaient suscité une grande curiosité. Si ni Air Productions ni France Télévisions n'ont voulu confirmer ces chiffres, Nagui en personne avait tout de même concédé en février 2020 « *qu'on ne doit pas être loin de la vérité* » dans le magazine *Stratégies* tout en concédant que « *parler d'argent en France reste tabou et que cela est forcément interprété comme de l'impolitesse* ». De quoi attiser les jalousies et polémiques au sein d'un service public qui doit déjà faire des économies drastiques en pleine crise financière. D'autant plus que, même si France Télévisions assure que « *Nagui rapporte plus que ce qu'il ne coûte* » grâce aux recettes publicitaires de ses émissions, il s'agit d'argent public que Nagui utilise pour ses productions. Mais « Monsieur 30 % » paraît, pour l'instant, intouchable, comme le remarque un ancien directeur de programmes des chaînes publiques, aujourd'hui dirigeant d'un des géants de la production audiovisuelle, qui a bien connu l'animateur : « *C'est le roi de France 2 et il sera très difficile de se passer de son talent et de son audimat. Delphine Ernotte l'aime beaucoup, mais elle sait surtout ce qu'il vaut pour l'entreprise. Il a certes arrêté* Tout le monde veut prendre sa place, *à la fois pour des questions personnelles et surtout parce qu'il ne s'entendait plus trop avec la coproductrice Simone Harari, mais il compense par la production de fictions ou d'émissions spéciales. On ne refuse pas grand-chose à celui qui, ne l'oublions pas, est l'animateur préféré des Français dans quasiment tous les sondages de ces dernières années.* » La preuve, le 5 juin 2021, quelques semaines après l'annonce de son départ de *Tout le monde veut prendre sa place*, Nagui présentait le samedi soir, en prime time sur France 2, un nouveau jeu intitulé *Le Club des invincibles* dont il était l'un des coproducteurs, avec le fidèle Gérard Pullicino à la réalisation et un concept populaire comme il les aime : quatre grands champions des jeux TV (*Tout le monde veut prendre sa place*, *Questions pour un champion* ou *Les 12 Coups de midi*) sont confrontés à dix célébrités, chacune spécialiste d'un domaine, qui tentent de battre ces candidats hors normes, en répondant à des questions. Pour cette première, on retrouve, côté people, l'animatrice Valérie Damidot, le présentateur de BFMTV Bruce Toussaint, Thomas Isle, le coanimateur de *La Maison France 5*, la comédienne et femme de Nagui, Mélanie Page, Bruno Guillon, Florian Gazan, la directrice du concours Miss France Sylvie Tellier, le publicitaire Frank Tapiro, le spécialiste culinaire Laurent Mariotte et la journaliste-chroniqueuse de *Télématin* Carole Tolila.

Nagui tout-puissant ! Une nouvelle production estampillée « Nagui » comme pour rappeler la place qu'il occupe à France Télévisions. « *Avec Cyril Hanouna sur C8*, souligne un ex-patron des programmes de France Télévisions passé dans le privé, *il est le seul à avoir autant d'influence sur la vie financière d'une chaîne. Ni TF1 ni M6 ne dépendent à ce point d'un animateur-producteur comme ces deux-là. Même si Nagui ne joue pas les patrons officieux sur les programmes comme le fait Hanouna à C8, il reste incontestablement un État dans l'État. Ce qui explique sans doute pourquoi les remous sur son contrat de 100 millions ont fait pschitt et que le ministère de la Culture n'a pas voulu en rajouter…* » Une belle « revanche » pour celui qui faisait l'objet d'études et d'enquêtes confidentielles de la part de la direction de France 2 dans les années 1990, pour savoir si le public accepterait un animateur au physique arabe sur l'antenne à 19 heures !

8
BUSINESS IS BUSINESS…

En 2002, quand on lui demandait s'il céderait aux sirènes des groupes qui viennent sonner à sa porte pour acquérir Air Productions, Nagui répondait : « *Il y a quelques années, j'aurais balayé cette éventualité de la main, en disant : je suis heureux comme ça, au revoir… Aujourd'hui, le secteur de la production est de plus en plus concentré et industriel. Je vais essayer de continuer de développer Air Productions en bonne intelligence avec Bibiane Godfroid. Le vrai pouvoir, c'est d'être une alternative. J'ai le luxe de pouvoir encore choisir.* »

En 2008, il choisira. Il vend son entreprise à Stéphane Courbit, le patron de Banijay, devenu l'un des leaders mondiaux de la production audiovisuelle. Air Productions sera même la première acquisition de Banijay en France, qui sera suivie par le rachat, entre autres, des boîtes de prod de Marc-Olivier Fogiel, Cauet, Lagaf', Cyril Hanouna ou encore du concours Miss France. Douze ans après, Nagui est encore beaucoup plus riche qu'il ne l'était déjà, avec sa holding de gestion de fonds – Holding Fam –, créée en 2004 et dans laquelle il détiendrait une participation d'environ 20 millions d'euros au sein du groupe Banijay. Grâce à cette cession très avantageuse, Nagui est l'un des actionnaires de Banijay qui produit dans l'Hexagone – pour ne parler que des plus connus – des programmes comme *Koh-Lanta*, *Fort Boyard*, la soirée de Miss France, *Touche pas à mon poste*, *Les Enfants de la télé*, *Patron incognito*, auxquels il faut ajouter ses propres émissions. Le tout aux côtés de Stéphane Courbit, Vincent Bolloré et Vivendi, le groupe italien De Agostini… et Cyril Hanouna. Comme il l'expliquait dans *Le Point* du 25 décembre 2019 : « *Pour faire simple, j'ai cédé ma société contre 5 % des parts de l'entreprise. Je continue à gérer ma structure et je suis salarié de l'entreprise. Mais je peux aussi travailler sur d'autres terrains, comme la fiction. Je ne m'occupe absolument pas de business, ce qui est extrêmement reposant. Les seules réunions que j'ai avec Stéphane Courbit et ses équipes, c'est pour évoquer l'artistique, les catalogues d'émissions, les formats intéressants ou pas à développer…* » Une vraie complicité lie d'ailleurs les deux hommes qui se retrouvent régulièrement à Saint-Tropez où ils possèdent de superbes villas, pas très loin de celle de Bernard Arnault, le milliardaire et ami proche de Stéphane Courbit. Comme le note une collaboratrice de Nagui à Air Productions : « *Ce que Nagui admire chez Stéphane Courbit, c'est sa prodigieuse ascension vers les sommets alors qu'il est arrivé de la Drôme sans connaître personne à Paris ni dans le monde de la télé. Un vrai self-made-man qui lui rappelle son propre parcours. C'est aussi pourquoi, il a du respect pour Cyril Hanouna mais la complicité amicale en moins. En entrant au capital de Banijay, Nagui a non seulement eu l'agréable sensation de faire partie du gratin médiatique, mais aussi de jouer dans la cour des businessmen. Et il aime ça, quoi qu'il en dise !* » Il est vrai que grâce à ses remarquables performances d'audience, Banijay lui verse d'importants intéressements que Nagui a réinvestis pour devenir un actionnaire important de ce groupe. Comme le souligne un proche du patron de Banijay, Nagui a été l'un des premiers présentateurs-producteurs à sentir ce que Stéphane Courbit allait mettre en place. « *Des personnalités comme Pierre Lescure, Philippe Labro ou Pascal Josèphe sont comme des mentors pour Nagui, ceux qu'il consulte et écoute pour toutes ses grandes décisions. Avec Stéphane Courbit, c'est un vrai rapport d'associés, ce qui n'empêche pas une amitié mais elle est, à mon avis, moins profonde qu'avec ceux que j'ai cités ou aussi avec Michel Cymes ou Didier Deschamps. L'acquisition d'Air Productions fut d'ailleurs le premier gros coup de Courbit dans l'Hexagone. Dès la création de Banijay, Stéphane Courbit avait pour ambition d'être l'un des leaders mondiaux. Il savait qu'il y parviendrait, que ce n'était qu'une question de temps, et qu'il lui fallait pour cela mettre la main sur les meilleurs du secteur, comme Nagui ou Hanouna en France.* » Cette remarque résume bien la success *story* qui a permis à cette société de s'imposer dans le monde de la production en l'espace d'une décennie. « *C'est incroyable de se dire que le premier producteur télé mondial est aujourd'hui français !* » soulignait un haut dirigeant de l'audiovisuel dans le quotidien *Les Échos* en 2019. Premier producteur d'émissions de flux (le divertissement, les jeux, la télé-réalité ou les variétés) en France sur la saison 2020, selon le classement d'*Écran total*, avec, entre autres, *N'oubliez pas les paroles*, *Tout le monde veut prendre sa place*, *Touche pas à mon poste*, *Balance ton poste*, *L'Île de la tentation* ou *Fort Boyard*, Banijay affichait en 2019 autour de 1 milliard de chiffre d'affaires pour 140 millions d'Ebitda (excédent brut d'exploitation). Et Nagui participe activement à cette rentabilité. En contrepartie, le groupe

Banijay verserait plusieurs millions d'euros de dividendes chaque année à Nagui, entre 3 et 4 millions selon de nombreuses sources. Son frère Carim lui apporterait ses précieux conseils et ses compétences dans la gestion de ses intérêts et de sa fortune. Les « Fam Brothers » se sentent encore plus liés que jamais depuis la disparition de leurs parents. Un voyage en Égypte en 2010, comme une sorte de pèlerinage familial les aura marqués à tout jamais et renforcé leurs liens. C'était la première fois que les deux frères retournaient sur leur terre natale depuis leur départ au début des années 1960. Au-delà de leur proximité fraternelle, le sens du business et l'esprit d'entreprise sont des points communs à la fratrie Fam. D'ailleurs, Carim Fam a suivi le dossier de près quand il a été question de vendre Air Productions à Banijay. Mais ces sommes versées par Banijay n'atterrissent pas directement dans les « poches » de Nagui. En homme d'affaires averti, il les a converties en actions. Car en prenant le contrôle d'Air Productions en 2008, Stéphane Courbit avait bien pris soin d'intéresser Nagui aux résultats, afin de s'assurer de sa fidélité en lui donnant des parts de Banijay. Surtout, Stéphane Courbit a payé Nagui en plusieurs fois : une première tranche lors du rachat, puis des compléments de prix indexés sur les performances d'Air Productions. Celles-ci étant étincelantes d'année en année, les compléments de prix (appelés en anglais *earn out*) ont fini par représenter un montant très élevé. Voilà pourquoi Nagui a décidé d'en réinvestir une partie dans Banijay et a pu acheter pour 20 millions d'euros d'actions de Banijay Group. Stéphane Courbit utilise cette solution à chaque fois qu'il rachète une société de production. Il paie lors du rachat seulement une partie du prix – en général moins de la moitié –, puis étale le reste du paiement sur plusieurs années, entre cinq à huit ans. Cumulés, tous ces compléments de prix à payer finissent par peser lourd : plus de 100 millions d'euros auraient dû être déboursés en 2019. Mais Stéphane Courbit est parvenu à réduire la note de 33 millions d'euros en proposant aux principaux producteurs de son groupe, comme Nagui et Cyril Hanouna, de percevoir leur complément de prix sous forme d'actions de Banijay Group. Après cette opération, les différents animateurs-producteurs détiennent donc 9,7 % du capital de Banijay Group, dont 5,3 % pour le seul Nagui. Une méthode qui a fait la fortune du tandem Stéphane Courbit-Arthur, lorsque les deux partenaires ont vendu, en 2001, leur société Case Productions au géant néerlandais Endemol, acquis par le groupe espagnol Telefónica. Stéphane Courbit et l'animateur de TF1 avaient inséré une clause d'*earn out* qui les a considérablement enrichis. Cela leur permit de toucher 450 millions d'euros en 2007, alors qu'ils n'avaient empoché « que » 160 millions d'euros lorsqu'ils avaient cédé la première moitié du capital à Endemol. Pour Nagui, son deal avec Stéphane Courbit est donc une opération pleinement bénéficiaire, et sa propension à faire du business se décèle aussi dans le nombre d'entreprises qu'il a créées. Car, outre le bâteau-amiral Air Productions, d'autres sociétés ont vu le jour même si certaines n'existent plus. Au rayon de ces « chères disparues », il y a eu Tam Air, spécialisée dans la création graphique et les effets spéciaux ; Vison Air, une boîte axée sur la communication et l'événementiel ; et Food Productions, une compagnie de production qui avait produit *Dans la peau d'un chef*, les magazines culinaires du chef pâtissier Christophe Michalak diffusés sur France 2 entre 2013 et 2016. Toutes ces entités ont été radiées au registre du commerce alors que quelques autres poursuivent leurs parcours. C'est le cas de Base Records, qui intervient dans le domaine de l'édition musicale ; Festival Air, organisatrice de concerts – notamment ceux exceptionnels de *Taratata* au Zénith ; Fiction'Air, une société de production pour les téléfilms comme *3 Femmes en colère*, *Dans la tête des gens* ou *L'École de la vie*, ainsi que dans les web-séries ; et enfin Image on Air, une structure spécialisée dans les activités radiophoniques de Nagui. S'il est désormais un super salarié très grassement rémunéré, sans doute à juste titre, par Banijay, Nagui possède aussi les signes extérieurs de celui qui a l'âme d'un patron et d'un chef d'entreprise ayant pleinement réussi. Avec son agenda ultra-rempli, Nagui se déplace souvent à moto-taxi. Mais pour courir entre ses bureaux du boulevard Haussmann dans le 8e arrondissement de Paris, jusqu'à France Inter, ou France Télévisions pour ses rendez-vous avec la PDG Delphine Ernotte et les studios de la Plaine-Saint-Denis où il enregistre entre douze à quatorze numéros par jour de *N'oubliez pas les paroles*, Nagui dispose également d'un chauffeur privé qui l'attend à la sortie de ses émissions, avec un véhicule de fonction pas comme les autres puisqu'il s'agit d'une voiture Tesla Model X de couleur grise avec les portes s'ouvrant par le haut et dont le prix avoisine les 100 000 euros. « *Non seulement elle est 100 % électrique, mais en plus je peux y caser mes quatre enfants !* » confiait-il, il y a quelques années. Amateur de belles automobiles, il conserve ainsi dans son garage une superbe

Porsche de collection, le modèle 356 C de 1965. Comme tout businessman qui a réussi, Nagui a acquis des biens immobiliers. Il n'habite pas dans le 6e arrondissement comme l'un de ses « maîtres », Pierre Lescure, ou dans le 16e comme son « collègue » chez Banijay, Cyril Hanouna. Nagui, lui, a choisi de vivre en famille dans le 18e arrondissement, à la butte Montmartre où il a acheté et rénové un ancien cabaret avec une vue imprenable sur la capitale. Sa ravissante maison de plusieurs étages se situe à quelques mètres de la place du Tertre. La demeure est connue des amoureux de la butte Montmartre sous le titre de maison Borde, du nom de son premier propriétaire, également connu pour son restaurant *Le Cadet de Gascogne* toujours en activité sur cette même place du Tertre. Un quartier à la fois authentique et populaire mais aussi très prisé par de nombreuses personnalités de la chanson, du cinéma ou de la télévision, puisque Nagui croise quelques voisins célèbres comme le chanteur Raphaël et sa femme l'actrice Mélanie Thierry, Didier Bourdon, Jean-Paul Rouve, Christophe Dechavanne, Claude Lelouch, Anouk Aimée, Olivia Ruiz, Fabrice Luchini ou Sandrine Bonnaire. Une demeure montmartroise dont Nagui est très fier, où il se sent bien avec son épouse Mélanie Page et leurs enfants. Mais c'est aussi un endroit où il a connu des sueurs froides, il y a quelques années.

Le 14 mars 2012, à 5 h 30 du matin, l'animateur se trouve au rez-de-chaussée de sa propriété de quatre étages, lorsque son attention est attirée par les bruits d'une fenêtre qui vient d'être forcée. Il tombe alors nez à nez avec un inconnu. Surpris par l'arrivée de Nagui, l'intrus le menace en indiquant avoir un couteau, mais sans le montrer. Peu impressionné, Nagui se dirige vers lui pour en découdre. Plusieurs coups sont échangés entre les deux hommes avant que le cambrioleur ne décide de prendre la fuite. Touché à l'arcade sourcilière gauche, l'animateur appelle les pompiers et la police après s'être assuré que l'homme avait bien quitté sa maison. Soigné sur place par les sapeurs-pompiers, il se verra prescrire trois jours d'interruption totale de travail. Les policiers du commissariat du 18e arrondissement, ainsi que les spécialistes de la police scientifique, effectuèrent divers prélèvements sur le chemin emprunté par l'auteur des faits. Alors qu'on avait craint dans un premier temps qu'il puisse s'agir d'une agression ciblée, les éléments de l'enquête conclurent que le présentateur de France 2 avait été victime d'une tentative de cambriolage. Le malfrat aurait été très surpris de le voir surgir ainsi devant lui, ne s'attendant probablement pas à une telle réaction de sa part. Sollicité par les médias dès le lendemain, Nagui exprimera le souhait de ne plus parler de cette affaire. « *Il y a en ce moment des choses bien plus graves dans le monde. Je souhaite désormais juste un peu de tranquillité pour ma famille et moi. C'est une affaire tout à fait banale…* », dira-t-il, histoire de fermer ce chapitre le plus vite possible. Et lorsqu'à chaque été, mais aussi l'hiver, il quitte sa maison montmartroise avec jardin, c'est pour se ressourcer dans sa magnifique villa de Saint-Tropez. Il ne s'agit pourtant pas d'un caprice de nouveaux riches. Même si l'endroit est le royaume de grands capitaines d'industries et de rois du business comme Vincent Bolloré, François Pinault, Bernard Arnault ou Stéphane Courbit. Pour Nagui, ce havre de paix tropézien lui rappelle ses années de jeunesse, à Cannes. Et ces sandwichs avalés sur la plage pendant que d'autres déjeunaient à la cantine, avant de retrouver la salle de classe avec du sable dans les chaussures... Avec sa femme, l'actrice Mélanie Page et leurs enfants, Nagui passe désormais des vacances plutôt calmes dans cette somptueuse propriété de Saint-Tropez. Fini les années drague et les nuits blanches lorsqu'il était célibataire. Son lieu de repos favori reste la plage des Jumeaux, à Pampelonne. Chaque été, sans le crier sur les toits, il accueille dans sa résidence secondaire des jeunes qui ne partent pas en vacances, en association avec le Secours catholique. « *C'est évidemment un businessman qui aime la réussite et tout ce qui va avec comme les jolies voitures, les belles chaussures ou sa superbe maison à Saint-Tropez, mais il a aussi un grand cœur et on s'en est rendu compte avec ses actions généreuses auprès des gamins défavorisés. Il n'y en a que très peu comme lui...* », note un bénévole du Secours catholique qui a côtoyé l'animateur lors de ses opérations de solidarité. L'acquisition de cette demeure tropézienne avec piscine date de 1997. Il se l'est offerte à crédit pour un montant de 9 millions de francs de l'époque, l'euro n'étant pas encore en vigueur. À la fois par coup de cœur, et parce que l'immobilier est une valeur refuge, mais aussi parce que cette maison se situe à une demi-heure de chez sa mère qui vivait à Cannes. Invité dans une émission de Thierry Ardisson lors de l'été 1998, il déclara que « *sa piscine avait été payée grâce au service public* ». C'était de l'humour, concèdera-t-il quelques semaines plus tard, mais on imagine le tollé que ces propos auraient provoqué aujourd'hui avec les réseaux sociaux. Selon un agent immobilier de la région azuréenne, le bien de Nagui vaudrait entre 8 et 10 millions d'euros s'il était mis aujourd'hui sur le marché. Contrairement aux businessmen qu'il peut croiser entre Saint-Tropez et Ramatuelle, Nagui n'a jamais été un amateur d'art. Pas de collection d'œuvres contemporaines chez lui. Mais le présentateur de *Taratata* cultive sa passion pour les légendaires chaussures Louboutin. Il en porterait une paire quasiment chaque jour, quitte à provoquer les moqueries et les ricanements de certains de ses proches tels que le médecin et animateur Michel Cymes. Nagui aurait dans ses placards à chaussures une cinquantaine de paires, signées Louboutin. Ce sont soit des prêts ou des cadeaux par le créateur Christian Louboutin dont il est devenu l'ami, soit des surprises offertes par ses proches, soit des achats personnels avec des prix à tarif préférentiel en tant que VIP. Quand on sait que des baskets Louboutin valent au minimum 1 000 euros, comme celles sur mesure qu'il arbore dans *Taratata*, on imagine le budget qu'il consacre à cette passion ! « *Il a certes quelques goûts raffinés ou de luxe, c'est sûr, mais il n'est absolument pas m'as-tu-vu ou bling-bling. S'il porte un costume et des chemises Dior pour ses émissions, il s'habille la plupart du temps en jean et sweat décontracté. Et il n'a pas toujours des Louboutin aux pieds même s'il adore ça. Mais il y a quand même un côté un peu snob cool chez lui, le genre de mec classe et vanneur qui a réussi et l'assume…* », remarque un ancien collaborateur de France Télévisions. Au-delà de ces anecdotes, Nagui contrôle tout en vrai businessman. Lorsqu'en 2017, une réduction de 10 à 20 % a touché le budget de ses émissions en raison de la réforme de l'audiovisuel public, il a décidé de ne pas baisser le montant des cadeaux offerts aux candidats, ni le salaire de ses employés, ni le nombre de musiciens. Il trouvera la solution – après le vote de ses équipes – avec des cadences stakhanovistes en passant de huit à quatorze émissions enregistrées par jour ! Tout le monde dépensera beaucoup d'énergie, mais personne ne perdra d'argent ni d'avantages. Tycoon Nagui veille à tout…

9
LE CLAN

Le samedi 5 juin 2010, la mairie du 18e arrondissement de Paris accueillait un événement people. Amoureux depuis 1999, et pacsés depuis juin 2008, Nagui et sa compagne Mélanie Page se disaient oui devant Daniel Vaillant, le maire socialiste et ancien ministre de l'Intérieur. Lors de cette cérémonie très conviviale, qui n'eut certes pas le retentissement du mariage de Johnny Hallyday et Lætica célébré par Nicolas Sarkozy à la mairie de Neuilly-sur-Seine, le 25 mars 1996, ou celui « gaguesque » de Coluche et Thierry Le Luron au début des années 1980, il y avait du beau monde pour assister à l'union de l'animateur-producteur de *Taratata* et de la femme de sa vie vue au cinéma dans *Jeanne d'Arc* de Luc Besson, *Les Parisiens* de Claude Lelouch ou *Tu vas rire mais je te quitte* de Philippe Harel, et aussi à la télévision dans les séries *Sous le soleil* ou *Les Bœuf-carottes*.

Au premier rang, évidemment, le réalisateur Gérard Pullicino, mais aussi le chanteur Alain Chamfort, Valérie Bègue, Miss France 2008, l'animateur Julien Courbet, les humoristes Jonathan Lambert et Arnaud Gidoin, Bénabar et sa femme, l'actrice Hélène de Fougerolles et celui qui était alors son compagnon, Antoine Arnault, fils de Bernard Arnault, ou encore le footballeur champion du monde en 1998 Bixente Lizarazu et sa compagne la comédienne Claire Keim. Malgré ce parterre de célébrités, ce fut pourtant un mariage en toute discrétion puisque les mariés étaient parvenus à tenir les paparazzis à l'écart. Seules quelques photographies furent prises par les convives ainsi que par un photographe professionnel de Courbevoie qui en possède un album entier. Un album qui a disparu en 2011. Le photographe, parti en déplacement, avait prêté son appartement à un ami. À son retour, il découvrit les restes d'une fête organisée chez lui. Au cours de la soirée, certains indélicats fouillèrent le logement et tombèrent sur les albums contenant les photos du mariage de Nagui et Mélanie Page. Pire, ils étaient partis avec ! Constatant le vol, le photographe avait prévenu le présentateur de France 2 qui porta immédiatement plainte avec son épouse. Une action qui empêcha de voir les clichés fleurir sur Internet ou publiés dans les pages d'un magazine people. « *Les voleurs auraient du mal à les revendre, d'autant qu'un an après le mariage, leur valeur marchande n'était plus très élevée*, explique un paparazzi travaillant pour *Voici* et qui tenta d'immortaliser l'union entre Nagui et Mélanie. *Si à l'époque, ces photos auraient pu se négocier quelques milliers d'euros, en 2011, elles ne valaient plus rien et personne n'aurait eu envie de les acheter. Surtout si elles étaient volées. Les journaux people, prévenus par les avocats de Nagui, savaient qu'ils auraient de gros ennuis en cas de publication...* »

Le grand public, aux premiers rangs desquels les fans de Nagui ne découvriraient donc pas ceux que l'on peut considérer comme appartenant au « clan Nagui ». Sur le haut du podium, il y a évidemment Gérard Pullicino.

« *C'est l'ami de ma vie* », dit Nagui qui en a fait le parrain de sa fille. « *C'est le frère que je n'ai pas eu. C'est mon meilleur ami, peut-être le seul vrai ami que j'ai* », affirme l'autre. Fusionnel, le duo ne fait qu'un. Ce « couple » cathodique Nagui-Pullicino appartient à ces grands tandems de la télévision comme Michel Drucker et Françoise Coquet, Maritie et Gilbert Carpentier, Arthur et Stéphane Courbit, quand ils dirigeaient leurs sociétés de production Case Production et Endemol France, ou encore Thierry Ardisson et Catherine Barma avant leur brouille. Ils se connaissent depuis le début des années 1980. Ces deux hommes du Sud ont les mêmes racines orientales, égyptiennes pour Nagui, tunisiennes pour Pullicino, la même passion pour la musique et la même énergie communicative. Avec leur « enfant » commun, *Taratata*, ils ont inventé une nouvelle façon de proposer des variétés sur le petit écran. Pour un ancien dirigeant de France 2 : « *Sans Pullicino, la carrière de Nagui n'aurait sans doute pas été la même. Le réalisateur a réellement façonné l'identité visuelle de Nagui, tant avec* Taratata *que dans les jeux délirants, dans le bon sens du terme, que Nagui a présentés...* »

Autre intime et figure clé du clan Nagui, le sélectionneur de l'équipe de France de football, Didier Deschamps. Leur rencontre remonte deux ans avant la fameuse épopée historique des Bleus, champions du monde en 1998. À l'époque, Nagui, dingue de ballon rond, agace quelque peu l'entraîneur Aimé Jacquet à force de s'incruster à Clairefontaine, le centre d'entraînement des Bleus en région parisienne. Très vite, l'animateur et le footballeur natif de Bayonne ont été conquis l'un par l'autre, grâce à leur humour partagé. « *Le point de départ, c'est qu'on aimait vanner, se chambrer et rire ensemble. Sans autre calcul. Mais une amitié se révèle lorsque cela ne va pas fort, dans les épreuves. Soit on en sort plus fort, soit on se sépare. Et à un moment vous vous retournez et vous réalisez que cela fait en effet plus de vingt-cinq ans. C'est dingue !* » avait souligné Nagui lors de la promotion du documentaire *Didier face à Deschamps* qu'il avait produit pour TF1, en 2019. « *Cette relation, ce n'est pas entre Didier Deschamps le sélectionneur et Nagui l'animateur et producteur. C'est plus intime que cela. Ce n'est pas superficiel* », remarque Didier Deschamps. L'ex-capitaine des Bleus, aujourd'hui sélectionneur de l'équipe de France, championne du monde 2018, explique que leur belle relation se base « *sur des valeurs partagées dont celle du respect, ainsi que des traits de caractère proches. Je suis un gros chambreur et lui adore cela aussi. On plaisante énormément...* ». Supporter inconditionnel des Bleus de Deschamps depuis sa prise de fonctions à la tête de l'équipe tricolore en 2012, Nagui et « DD », comme on surnomme Didier Deschamps, ont beaucoup fait la fête ensemble, et les deux hommes se connaissent aujourd'hui sur le bout des doigts. Le sélectionneur est souvent invité avec son épouse dans la villa tropézienne du présentateur, et la star de France 2 accepte volontiers les invitations de « DD » à venir dans sa propriété de Concarneau. Quand on demande à Nagui les raisons de cette belle amitié, il répond : « *C'est une question de valeurs partagées au quotidien, de façon de se comporter, d'hygiène de vie et d'humour. J'ai une réelle affection pour lui. De plus, je l'aime profondément. Chez Didier, j'apprécie son calme, sa lucidité, sa capacité à prendre du recul et son respect de l'autre.* » Et lorsque Deschamps fut mis en cause au sujet d'un racisme supposé à propos de Karim Benzema et de sa non-sélection pour l'Euro 2016 ainsi que de l'absence d'Hatem Ben Arfa, Nagui avait été blessé d'entendre les déclarations d'Éric Cantona et Jamel Debbouze sur son ami de « La Dèche », l'autre surnom de Didier Deschamps : « *Pas parce qu'on est potes. Mais parce que, en matière de tolérance, d'ouverture d'esprit, de respect, de politesse, il est irréprochable*, explique Nagui. *Il ne s'est jamais posé la question du pays dans lequel je suis né ou du pays dans lequel est né Marcel Desailly, qui est comme son frère, qu'il a choisi pour être le parrain de son fils...* » Lors du retour de l'équipe de France au Stade de France devant 5 000 spectateurs avec un match de préparation face à la Bulgarie, avant l'Euro, le 8 juin 2021, le présentateur et son épouse étaient évidemment aux premières loges pour soutenir les Bleus de « DD ». Cet amour du foot et de la vanne, Nagui le partage également avec un de ses très rares amis dans le monde impitoyable de la télévision, à savoir Michel Cymes. Avec le toubib le plus populaire du PAF, ils ont un autre point commun. Ils se disputent chaque année la première place du classement des animateurs préférés des Français. Leur seule différence : Cyril Hanouna. Autant, l'animateur de *N'oubliez pas les paroles* entretient des relations cordiales avec la star de *TPMP*, autant l'ex-présentateur du *Magazine de la santé* sur France 5 déteste Hanouna. La réciproque est vraie.

Amis depuis une dizaine d'années, les deux compères ont travaillé ensemble sur France Inter entre 2014 et 2016 dans *La Bande originale*, avant que le docteur Cymes ne rejoigne RTL. Ils collaborent aussi sur France 2 pour le magazine *Tout le monde joue*, diffusé trois ou quatre fois par an et naturellement produit par Air Productions. Ils n'ont que de tendres mots l'un pour l'autre. Ainsi, Nagui a reconnu dans une interview à *Télé 7 jours*, en 2017, la profondeur de son amitié avec Michel Cymes : « *J'ai rarement eu dans ma vie professionnelle autant de connivence avec quelqu'un, et de manière régulière. Et notre entente après deux saisons sur France Inter et deux numéros de* Tout le monde joue *sur France 2 se prolonge dans nos sorties entre potes, mais aussi avec nos enfants et nos épouses.* » Comme avec Didier Deschamps, Nagui aime recevoir la famille Cymes quelques jours dans sa villa de Saint-Tropez entre deux virées en bateau avec l'ami Deschamps, et quelques séances de bronzage sur la plage de Pampelonne. S'ils se sont croisés à plusieurs reprises avant de se retrouver devant des micros et des caméras, Nagui et Michel Cymes sont même surpris de ne pas avoir émis l'idée de travailler en tandem bien plus tôt, tant leur complicité saute aux yeux. Il n'y a aucune tension ni jalousie entre eux, et leur binôme fonctionne comme sur des roulettes sans que ni l'un ni l'autre ne veuille tirer la couverture vers lui. Une situation que le médecin Cymes n'aurait jamais imaginée : « *Coprésenter une émission avec lui, c'était le nirvana ! Je lui voue une admiration dingue, et j'ai beaucoup appris avec lui. Il m'a aidé avec une bienveillance incroyable.* » Ce que confirme Nagui : « *Chacun respecte l'autre pour ce qu'il est et ce qu'il fait. Il connaît ma vie privée, moi la sienne… J'ai rencontré peu de gens comme Michel. On est globalement sur la même longueur d'onde.* » Ce qui lie si intimement Nagui et Michel Cymes, c'est sans doute leur façon de voir les choses et d'appréhender les situations. « *On a beaucoup de valeurs communes : l'éducation reçue de nos parents, celle qu'on transmet à nos enfants, nos expériences professionnelles. Quand on bosse, on mouille la chemise* », souligne l'animateur-producteur de *Taratata*. Dès que Nagui a besoin d'un conseil médical, il n'hésite pas à solliciter son ami Cymes, sans pour autant abuser. « *Il le fait moins que d'autres. Nagui m'appelle seulement quand il est malade. Je me venge en lui demandant des places de concert !* » confie avec humour Michel Cymes. Durant l'automne 2020, le soutien et les conseils du docteur Cymes ont encore plus consolidé la relation amicale entre les deux hommes qui n'hésitent pas à se « charrier » publiquement, à tel point que beaucoup croient à une véritable haine entre eux ! En octobre 2020, Nagui disparaissait mystérieusement de l'antenne de France Inter pendant quelques semaines, mais pas de celle de France 2 puisque *Tout le monde veut prendre sa place* et *N'oubliez pas les paroles* étaient enregistrées et en stock depuis plusieurs semaines. Si son amie et chroniqueuse Leïla Kaddour (celle qui présente aussi les JT du week-end sur France 2), qui l'avait remplacé aux commandes de *La Bande originale*, avait assuré qu'il ne s'agissait que d'un gros rhume, le cas de l'animateur était beaucoup plus sérieux. Le 2 novembre 2020, de retour dans les studios de Radio France, Nagui avait finalement révélé qu'il avait été touché par la Covid-19. « *C'est vrai que j'avais été cas contact, que j'avais été testé négatif, c'est-à-dire qu'on se retrouve coincé à la maison à attendre de savoir ce qu'il se passe ou isolé pendant X jours. Mais quand même avec un sentiment de "Ça va pas". Après, les toubibs m'ont dit : "Vous savez, le rhume, la grippe, la gastro, ça existe aussi, il n'y a pas que le virus." Et puis ça n'a pas loupé. Quand au bout d'une semaine, ça n'allait vraiment pas, il a fallu faire un autre test. Cette fois-ci, le test était positif.* » Des semaines plus tard, Nagui donnait encore de ses nouvelles dans les colonnes du journal *TV Mag* : « *Je vais extrêmement bien et je pense que j'ai eu de la chance dans cette période délicate. Je me suis senti plus fatigué que d'habitude. J'ai eu des maux de tête. Puis quand j'ai perdu le goût et l'odorat, je suis retourné me faire tester. C'était positif. Là, je me suis beaucoup reposé, j'ai pris de la vitamine C. J'ai eu recours aux huiles essentielles, à la naturopathie et, en une dizaine de jours, j'ai pu retrouver toutes mes facultés… Aujourd'hui, dès que je croise quelqu'un qui porte son masque légèrement descendu en dessous du nez, je suis le premier à lui signaler. Même si je n'ai pas été hospitalisé, ni souffert de problèmes respiratoires, je ne souhaite à personne d'avoir une telle fatigue et un tel virus.* » Durant cette période difficile, Michel Cymes fut présent tant sur le plan médical que personnel. Chaque jour, matin, midi et soir. Cela a renforcé évidemment leurs liens.

Dans le club des « Nagui's Friends », il y a également une ancienne reine de beauté. En juillet 2020, France 2 programmait en prime un nouveau numéro de *Pop Show*, un jeu musical animé par Nagui et Valérie Bègue, Miss France 2008. L'occasion pour elle d'exprimer ouvertement toute son amitié envers l'animateur-producteur, lors de la promotion de cette émission : « *Quelle opportunité en or de me retrouver aux manettes de ce divertissement avec Nagui ! Il a été mon collègue, mon patron, mon ami. À chaque fois, il m'apprend beaucoup.* » Comment ces deux personnalités sont-elles parvenues à construire une aussi solide relation amicale ? « *Je le connais de l'époque Miss France, puis j'ai partagé la scène théâtrale avec sa femme,*

Mélanie Page, dans la pièce En attendant la gloire *à l'Apollo Théâtre en mars 2010. Nous sommes devenus très amis. Ils sont très chers à mon cœur…* », explique Valérie Bègue. Ce que confirmera Nagui dans *Télé Loisirs*, en juin 2020 : « *J'ai appris à la connaître humainement. Elle fait partie de notre famille. Nous partageons des moments en vacances, nos enfants se connaissent.* » On voit régulièrement Nagui et sa femme avec Valérie Bègue lors des matchs de l'équipe de France de football. Avec d'autres membres du clan, tels que Michel Cymes, l'acteur Bruno Solo, le disc-jockey et patron de discothèques Jean Roch, le producteur TV Thierry Métral, l'animateur de NRJ Manu Lévy, ou le producteur artistique des émissions de Nagui, Emmanuel (« Manu ») Virot, Nagui suivit ainsi la campagne victorieuse des Bleus en Russie, lors de la Coupe du monde 2018. Cette « bande à Nagui » a d'ailleurs remis le couvert lors de l'Euro de football 2021.

Dans un autre registre, il y a ceux qu'on pourrait considérer comme des « mentors ». Des personnalités qu'il aime consulter à chaque virage important de sa carrière, tout en entretenant de réels liens. L'ancien patron de RTL, Philippe Labro, fait partie de ceux-là, avec un rôle de conseiller officieux. L'animateur de *Taratata*, qui a produit plusieurs émissions sur France 3 avec Philippe Labro à la présentation, continue de vouvoyer son ancien dirigeant et l'appelle toujours « Boss » après une véritable amitié de près de trente-cinq ans. Il est vrai que Philippe Labro dirigeait les programmes de RTL quand Nagui a débarqué dans la station de la rue Bayard, en 1987. « *Les auditrices l'adoraient, il était très drôle même si je trouvais qu'il allait un peu trop loin dans le flirt à l'antenne. J'ai dû l'appeler une fois en pleine émission, entre deux disques, pour lui dire d'y aller mollo !* » racontait Philippe Labro, il y a quelques années, lors d'un entretien sur Canal Plus. Pierre Lescure, l'ex-PDG de Canal Plus, Pascal Josèphe, l'ancien directeur des programmes de La Cinq et de France Télévisions qui mit Nagui sur orbite avec *Que le meilleur gagne !*, et évidemment Stéphane Courbit, le patron de Banijay, appartiennent à ce cercle. « *Mais à part Michel Cymes, il n'a pas de vrais amis chez les animateurs*, confie un collaborateur d'Air Productions. *Il a de bonnes relations avec Cyril Hanouna, Lagaf' et aussi Bruno Guillon, l'animateur de France 2 et Fun Radio, même s'il y a eu une période de froid avec Guillon, avant de fumer le calumet de la paix. La preuve de leur bonne entente : Nagui est le producteur de Guillon pour* Chacun son tour, *le jeu qui remplace* Les Z'amours *sur France 2 en fin de matinée. De là à partir ensemble en vacances, c'est peut-être moins sûr… Depuis* La Bande originale *qu'il anime sur France Inter, il a aussi noué une vraie amitié avec Leïla Kaddour, l'une des chroniqueuses attitrées de son émission de radio, qui présente les JT de France 2 du week-end quand Laurent Delahousse est en vacances, et le magazine* Culturebox *sur la chaîne France Info.* » Entre eux, tout a commencé en juillet 2014 lors d'un concert de Damon Albarn, le chanteur anglais des groupes Blur et Gorillaz. Alors qu'elle se trouvait dans un taxi, cette ancienne professeure de français dans un collège d'un petit village de la Vienne reçoit un message de la part de l'animateur lui indiquant : « *Vendredi, on fait un pilote, j'aimerais que tu sois là…* » Une fois le casting passé, Leïla Kaddour apprend que Nagui veut qu'elle intègre son émission de radio sur France Inter : « *Génial !*

Mais ce sera une semaine sur deux, car l'autre semaine je suis à Strasbourg pour présenter les journaux d'Arte », lui répond la journaliste. « *Pas question, c'est tous les jours ou rien !* » rétorque Nagui. Elle réfléchit puis donne sa démission à la chaîne franco-allemande. Très vite, elle se liera d'amitié avec la star de France 2. Même si les débuts de leur collaboration sur France Inter furent difficiles, le climat s'est rapidement amélioré pour donner quelque chose de profond entre le natif d'Alexandrie et celle dont les parents sont des harkis d'Algérie. « *Nagui, c'est ma très belle rencontre. Il a le sang chaud des Méditerranéens, comme moi. On se comprend. On se parle franc. Aujourd'hui, on est unis indéfectiblement, comme un vieux couple !* » racontait Leïla Kaddour à *Paris Match*, en 2017. Elle aussi suit Nagui et Mélanie Page dans les tribunes des stades pour supporter l'équipe de France de football. Et le patron d'Air Productions rêve de produire un magazine culturel qu'animerait Leïla Kaddour, titulaire d'une maîtrise de lettres classiques, qui a aussi présenté *Les Victoires de la musique classique* ou *Le Grand Oral*.

Un ancien grand footballeur, un médecin, un DJ, un acteur, quelques grandes pointures des médias, une ex-Miss France, des pros de la production TV, deux ou trois collègues animateurs et le « frère » Pullicino : tel est le clan Nagui, auquel se joint régulièrement Carim Fam, le frère de l'animateur. Une bande d'amis dont il a besoin, car il a aussi des ennemis…

10
SES AMOURS, SES ENNEMIS...

Avant de rencontrer Mélanie, Nagui a longtemps été un homme à femmes comme il l'avouait en 2016 à nos confrères de *Paris Match*. Un vrai séducteur, lui qui a tant souffert de son physique durant son adolescence : « *La télé ne m'a pas rendu beau, mais... charmant* », expliquait-il. Et de confier avec franchise : « *Je suis tombé dans le panneau. J'ai utilisé ce charme pour multiplier les dragues et les conquêtes. Par moments, j'ai cru être amoureux. Avec Mélanie, je me suis rendu compte de ce que cela signifie vraiment. Aujourd'hui, après seize années de vie commune, je n'envisage pas de passer une nuit sans elle. Si je dois m'absenter de Paris, je prends un avion tard le soir pour la rejoindre, un autre très tôt le lendemain pour retourner travailler. Nous ne supportons pas d'être l'un sans l'autre.* » Une belle déclaration envers celle dont il a eu trois enfants, Roxane (17 ans), Anabelle (13 ans) et Adrien (9 ans).

Durant les années 1980-1990, il a accumulé les rencontres amoureuses et les liaisons furtives. Fêtard mais sachant se contrôler, il a rencontré de nombreuses jeunes et jolies femmes lors de ses escapades en discothèques ou lors de déplacements en province pour RTL. Un ancien collaborateur de la radio se souvient d'un Nagui très branché qui « drague » avec certaines auditrices : « *Il avait un succès immédiat auprès de la gent féminine parce qu'il respirait la joie, l'énergie et le charme naturel des Méditerranéens, se communiquait par sa voix si chaleureuse. En plus, c'était un beau mec, même s'il ne s'aimait pas et se trouvait trop petit, sa taille, c'était un de ses complexes. Et comme il avait tous les culots, il n'hésitait pas à "draguouiller" en direct sur l'antenne de RTL, ce qui irritait souvent notre patron Philippe Labro. Comme pour certains chanteurs, il y avait carrément des fans féminines qui venaient l'attendre à la sortie des studios de la rue Bayard avec la ferme intention de passer du bon temps avec lui. Je ne peux pas vous assurer qu'il accédait à leurs demandes, mais vu le séducteur insatiable qu'il était, je pense qu'il a dû concrétiser à plusieurs reprises…* » Après ces années de « batifolage », Nagui va rencontrer le premier grand amour de sa vie d'adulte en la personne de Marine Vignes. Au milieu des années 1990, le présentateur fait la connaissance de cette jeune et ravissante actrice, de onze ans sa cadette. Marine Vignes a effectué ses premiers pas dans la comédie à la télévision au début des années 1990 en apparaissant dans quelques spots publicitaires, puis en tenant quelques rôles dans des sitcoms AB Productions diffusés par TF1, comme *Hélène et les Garçons*, *Le Miel et les Abeilles*, ou *Les Garçons de la plage*. Repérée par La Cinquième (le premier nom de ce qui est aujourd'hui France 5), alors dirigée par le tandem Jean-Marie Cavada à la présidence et Cyril Viguier à la direction des programmes, elle y anime, en 1994, le magazine *Les Explorateurs de la connaissance*. C'est à cette époque qu'elle croise la route de Nagui. Le coup de foudre se soldera par une vie commune entre 1995 et 1999, et la naissance de leur fille Nina, en janvier 1997.

Proche de sa fille aînée qui a fait ses études hôtelières dans un établissement de Lausanne, Nagui avait dévoilé en août 2019 une jolie anecdote au sujet de son premier enfant, aujourd'hui âgée de 24 ans : « *Je me souviens très bien, dans la voiture, au moment d'aller à la maternité pour la naissance de mon premier enfant, avoir choisi la chanson parce que je voulais que cette chanson soit la bande originale de ce premier événement, donc la musique est omniprésente.* » Pourtant, Nina n'a que très peu connu ses deux parents sous le même toit puisque le couple s'est séparé alors qu'elle n'avait que 2 ans. Une rupture un peu compliquée avec la garde partagée de Nina. Celle qui coanime depuis 2012 avec Laurent Romejko le magazine *Météo à la carte* chaque jour sur France 3 a reconnu lors d'un échange avec ses abonnés sur Instagram qu'il s'agissait d'un point très sensible. « *La garde partagée, c'est un véritable crève-cœur pour les mamans. J'ai pris du recul depuis toutes ces années. Mais le plus important pour les enfants est de trouver leur place des deux côtés… Pour qu'un enfant soit épanoui, il ne faut pas dénigrer ses ex. Avec Nagui, on a fait des erreurs mais aujourd'hui, j'ai trouvé le bon équilibre.* » Aujourd'hui, Marine Vignes vit une histoire d'amour depuis 2003 avec le réalisateur Marc-Antoine Colonna et ils ont eu une fille prénommée Tess, née en 2005. Au sujet de ses relations avec son ex-compagnon, Marine Vignes avait donné quelques informations sur la chaîne Non Stop People en mars 2021 : « *Nous avons avec Nagui une relation d'ex très correcte avec une enfant au milieu qu'on a élevée tous les deux en garde alternée et qui, je crois, s'en sort très bien. Nina est désormais une jeune femme. Elle travaille à Londres pour un groupe hôtelier. Elle est* food and beverage coordinator, *c'est comme ça que s'appelle…* »

Professionnellement, Marine Vignes se félicite d'avoir forgé son parcours tranquillement mais sûrement, sans avoir sollicité l'aide de Nagui : « *Il n'a jamais levé le petit doigt pour moi et j'en suis fière*, confesse-t-elle. *Si ça marche, je ne le devrais qu'à moi…* », avait remarqué il y a quelques années l'ex-compagne de l'animateur, qui s'apprête à lancer sa marque de vêtements, la mode étant son autre passion avec la télévision.

En bon papa poule qu'il est, Nagui s'avoue très fier du parcours de Nina, grande spécialiste en gastronomie et qui tient un blog réputé avec ses meilleures adresses de restaurants. « *C'est une véritable influenceuse dans son domaine et Nagui a toujours beaucoup d'émotion et d'affection dans la voix quand il parle d'elle. Nina est son premier bébé, elle a eu des parents séparés très tôt et il s'en est occupé comme Marine avec le système de la garde alternée. Cela crée un lien fort* », souligne un proche du présentateur.

Une autre femme va entrer dans la vie de Nagui en 1999 pour ne plus jamais en sortir. Lorsque l'animateur raconte les débuts de son idylle avec Mélanie Page, cela a tout d'un conte de fées, ou du moins d'un coup de foudre en bonne et due forme. « *Mélanie tournait pour TF1 dans la série* Sous le soleil *à Saint-Tropez. J'avais invité l'une de ses copines à une soirée dans ma maison tropézienne. Dans l'après-midi, cette jeune femme me propose de venir avec une amie, Mélanie. En réalité, je l'ai su après, Mélanie lui faisait de grands signes pour ne pas y aller ! Dès que je l'ai vue, j'ai été sous le charme. Quant à elle, elle m'a fait lanterner pendant des mois…* » De son côté, Mélanie Page raconte qu'elle chaperonnait une copine qui ne voulait pas se rendre seule à cette soirée chez Nagui. Finalement tout s'est bien passé : « *Nous avons joué à Taboo, c'était bon enfant.* » La comédienne avoue que même si elle avait été séduite par l'énergie et les bonnes manières de Nagui, elle n'était pas du tout prête à se lancer dans une relation, d'autant que celui qui allait devenir son époux avait une vraie réputation d'homme à femmes. Vingt-deux ans de relation, un mariage et trois enfants plus tard, le couple Fam a finalement su résister à toutes les tempêtes. Et Nagui refuse catégoriquement que l'on qualifie Mélanie Page comme « la femme de Nagui ». « *Elle est Mélanie Page, une femme et une comédienne. Elle travaillait beaucoup plus avant moi que depuis que nous sommes ensemble, ce qui me fait penser que je suis un peu un boulet dans l'histoire, le fait qu'elle m'ait offert trois enfants y est pour quelque chose* », a-t-il expliqué dans les colonnes de *Télé Star* en 2015. Totalement subjugué par cette jeune femme de quatorze ans sa cadette aux origines australienne et anglaise, la vedette du petit écran fera une cour assidue durant plusieurs mois à celle qui effectua ses premiers pas artistiques devant les caméras de Luc Besson en 1999 dans le film *Jeanne d'Arc*. La future épouse de Nagui restera longtemps sur ses gardes et repoussera ses avances à de multiples reprises. « *Je ne voulais pas que ce soit facile* », avait-elle confié dans *Paris Match* en 2016. Et puis, l'amour étant trop fort, cette passionnée de danse cédera devant la ténacité de son prétendant. Mariés depuis 2010, d'abord à Paris, puis lors d'une cérémonie en Égypte, où il n'était jamais retourné depuis 1965, les époux Fam forment un duo très amoureux. « *Mélanie est tout à la fois,* avoue-t-il, *épouse parfaite, maîtresse, pote avec qui je vais au foot, confidente. Et puis mère. Elle ne m'a pas seulement appris à éduquer nos enfants, j'ai également modifié, grâce à elle, ma façon de me comporter avec Nina, ma première fille. Et Mélanie est devenue pour elle une belle-maman exceptionnelle.* »

Toujours aux côtés de Nagui dans les gradins lors des matchs de l'équipe de France de football, ou dans le public, juste derrière son mari durant les enregistrements de *Taratata*, Mélanie Page a aussi été très présente pour l'aider à remonter la pente après son expérience ratée à la tête de *Nulle part ailleurs*. Une période particulièrement difficile à vivre pour l'animateur. « *Ça a été très difficile, j'étais au fond du trou. Elle m'a calmé et m'a remis sur le droit chemin en me disant que je n'avais rien à prouver et que je devais faire les choses comme je le sentais. Ce que j'ai fait...* », racontera Nagui en 2016 dans *Paris Match*. Comme le confie un de ses proches, le présentateur-producteur fait beaucoup d'efforts pour continuer à plaire à son épouse : « *Tous les matins, il fait de la gymnastique et trente minutes d'abdos et de pompes pour plaire à sa femme. Il m'a dit en déconnant, mais je sais que ce n'était pas une plaisanterie : "J'ai envie de rester présentable et bien 'gaulé' pour que Mélanie ne voie pas mes poignées d'amour ou ma 'bouée'." Il se dit toujours que si on part du principe que votre compagne est acquise, cela se terminera mal. Donc, il prend soin de son corps pour que Mélanie le regarde toujours avec les yeux de l'amour. Pour Nagui, elle est la femme qui lui a fait comprendre ce que voulait dire être amoureux. Il s'est toujours arrangé pour ne passer qu'une nuit, maximum deux, sans elle depuis vingt ans, le plus dur pour lui c'est quand ils sont éloignés l'un de l'autre. Et je crois savoir qu'il ne part jamais de sa maison de Montmartre sans lui dire "Je t'aime" ou l'embrasser. C'est devenu un vrai romantique même s'il a toujours été à la fois séducteur et classe dans ses rapports avec les femmes...* »

Avec Mélanie Page, Nagui s'est très vite « rangé des voitures », comme on dit un peu vulgairement. Le fêtard invétéré qu'il fut, avant de croiser la route de la comédienne, a endossé l'habit du père de famille, à la fois cool mais exigeant avec l'éducation de ses enfants. Celui de l'homme tendance écolo branché, proche de la nature et soucieux de son équilibre alimentaire. Celui aussi du jouisseur de la vie, en laissant de côté les excès d'antan. Il considère Mélanie comme « son meilleur pote » ainsi qu'il l'écrit sur les réseaux sociaux en posant en photo avec elle à ses côtés lors des matchs de l'équipe de France de football. Tous ceux qui ont côtoyé le couple Fam le reconnaissent : il y a une vraie complicité et une réelle complémentarité entre l'animateur-producteur aux origines méditerranéennes et la comédienne aux origines british, en dépit de la personnalité forte de Nagui qui peut provoquer parfois quelques tensions, comme il l'a lui-même reconnu en 2014 dans l'hebdomadaire *Télé Star* : « *Je ne crois pas être facile à vivre. Mais en même temps, je ne suis pas méchant. Je fais de mon mieux. Mélanie rectifie beaucoup de choses... Mélanie m'a calmé. Elle m'a cadré, posé. J'ai compris ce qui lui plaisait chez moi et ce qui ne lui plaisait pas. Comme par hasard, le tri qu'elle a opéré m'a plus bonifié que bridé.* »

Si côté amour les choses sont au beau fixe, Nagui collectionne quelques ennemis au niveau professionnel et dans le monde du show-business. Certes, il peut s'appuyer sur des piliers comme Gérard Pullicino, mais aussi sur sa fidèle programmatrice, Marie Prycko, et le producteur artistique Emmanuel Virot, sans oublier ses « mentors » conseillers, déjà cités, comme Pierre Lescure, Philippe Labro, Pascale Josèphe et Marie-France Brière. Il cite souvent Corinne Fix, l'ancienne patronne des jeux de France 2 qui l'aura toujours soutenu dans les moments de tempête et aussi remotivé quand il avait tendance à tourner en rond, qu'il s'agisse de son style d'animation ou de ses idées d'émissions. En Delphine Ernotte, la P-DG de France Télévisions, il a trouvé non seulement un employeur qui lui a redonné entière confiance, une alliée et une vraie fan de *Taratata*. Et aussi une amie, avec laquelle il déjeune en tête à tête, plusieurs fois dans l'année. Une même relation, à la fois amicale et professionnelle, s'est établie avec Laurence Bloch, la directrice de France Inter. Lorsqu'elle l'a fait venir à Radio France en 2014, Laurence Bloch se souvient d'un Nagui qui voyait dans cette nouvelle exposition « *le signe d'une reconnaissance intellectuelle qui honorait ses parents professeurs* ». Sept ans plus tard, malgré un emploi du temps millimétré, « *Nagui ne s'autorise aucun retard, aucune facilité* », assure la patronne de France Inter. Pour elle, l'animateur est « *très humble, mon avis l'intéresse vraiment, ce qui n'est pas si fréquent* ». « *C'est quelqu'un de loyal mais il faut être honnête avec lui* », ajoute de son côté Yann Chouquet, directeur des programmes, qui reconnaît que « *les gants habituellement pris à France Inter pour dire les choses ne sont pas utilisés par Nagui* ». Mais l'animateur-phare de l'audiovisuel public ne suscite pas que de la sympathie.

Pour des raisons que lui-même ignore encore, il a toujours été détesté par les anciens dirigeants de France Télévisions, à savoir le défunt président des chaînes publiques, Rémy Pflimlin, entre 2010 et 2015, disparu en 2016, et Bruno Patino, l'actuel président d'Arte qui fut directeur général délégué aux programmes, aux antennes et aux développements numériques de France Télévisions, de 2013 à 2015. Ce sont eux qui supprimèrent *Taratata* de l'antenne de France 2. Ce sont eux qui écartèrent Nagui des *Victoires de la musique*. Ce sont eux qui enlevèrent de l'access prime time *N'oubliez pas les paroles*, à chaque fois avec le concours de Thierry Thuillier, aujourd'hui directeur de l'information du groupe TF1 et qui occupa les fonctions de directeur des programmes de France 2, entre 2013 et 2015. Lui aussi œuvra avec abnégation pour déstabiliser Nagui et réduire drastiquement les commandes destinées à Air Productions. Cela ne l'empêchera pas quelques années plus tard de reconnaître sa mauvaise gestion du « cas » Nagui. Il le dira ouvertement dans une interview à la télévision, et mettra en pratique son nouveau jugement en redonnant à Nagui la case de 19 heures pour *N'oubliez pas les paroles*.

Avec Rémy Pflimlin, les choses tournèrent très vite au vinaigre puisque lors d'un de leurs premiers rendez-vous, le ton monta violemment entre eux comme s'en souvient une ex-collaboratrice de l'ancien numéro un de France Télévisions : « *Rémy Pflimlin s'adressa à Nagui de manière cassante, même désagréable comme il pouvait l'être parfois, au sujet de ses émissions et des budgets. Nagui lui rétorqua qu'il n'était pas un salarié de France Télévisions pour qu'il lui parle de cette façon, mais un fournisseur de programmes discutant avec son client. Le président lui lança un cinglant "Heureusement que vous n'êtes pas un salarié, car je vous aurais viré depuis longtemps !". Imaginez une telle ambiance entre un patron de chaîne et l'une de ses vedettes, ça ne pouvait qu'aller de mal en pis…* » D'autant plus que Bruno Patino abondait dans le sens de son supérieur hiérarchique, n'ayant toujours éprouvé que du mépris pour la « poule aux œufs d'or » de France Télévisions. En 2016, il publiera un ouvrage intitulé *Télévisions* dans lequel il brosse, entre autres, les portraits de grands producteurs TV comme Michel Drucker, Thierry Ardisson, Christophe Dechavanne ou Patrick Sébastien. Quand Sonia Devillers lui fait remarquer au cours de son émission quotidienne consacrée aux médias sur France Inter, *L'Instant M*, qu'il manque Nagui dans sa liste, Bruno Patino répond froidement : « *Je n'ai mis dans mon livre que les gens qui comptaient à la télévision, uniquement ceux qui ont amené quelque chose au petit écran…* » Pour Nagui, en train de préparer son magazine *La Bande originale*, deux étages plus bas, le coup est dur à encaisser.

Lorsque Bruno Patino devint le numéro deux de France Télévisions, une réunion eut lieu entre l'animateur-vedette et son nouveau patron. Ils se connaissaient peu, ne s'étant croisés qu'une seule fois au cours d'un dîner, chez un avocat et ami commun, quelques mois auparavant.

Durant ce rendez-vous professionnel, Bruno Patino n'annoncera que des mauvaises nouvelles à Nagui, comme la suppression de *Taratata* ou le changement d'horaire pour *N'oubliez pas les paroles*. En quittant le bureau de Bruno Patino, Nagui lui adresse un mot amical et lui demande de transmettre ses salutations à Sophie, l'épouse de l'ex-directeur général de France Télévisions, rencontrée lors de ce dîner. « *C'est la dernière fois que l'on se voit, et je regrette que nous ayons dîné ensemble…* », rétorque celui qui reste comme l'un des pires interlocuteurs de Nagui dans son parcours audiovisuel. Lequel n'a jamais compris l'aversion de Bruno Patino à son égard…

Dans le rayon « ennemis » de Nagui, il y a aussi Patrick Sabatier. L'origine de leur querelle remonte à 2008. *N'oubliez pas les paroles* en constitue la cause. Car Nagui ne fut pas le seul à avoir animé cette émission depuis sa création. S'il a créé ce jeu musical emblématique sur France 2 à la fin de l'année 2007, il avait dû céder son micro à Patrick Sabatier, à la tête du programme tout au long de l'été 2008, au moment où il passait d'un rythme hebdomadaire à un rythme quotidien. Nagui avait été contraint de se retirer des plateaux d'enregistrement quelques semaines, en raison d'une blessure au genou survenue après une chute à ski. Il reprendra sa place dès le mois de septembre 2008 pour ne plus jamais la quitter. L'arrivée de Patrick Sabatier marquait son grand come-back dans la petite lucarne après une longue et pénible traversée du désert. « *Nagui avait d'ailleurs dû se battre pour convaincre la direction de France Télévisions d'accepter Sabatier, car la chaîne ne voulait pas de lui à l'époque. Et on sait que pour que l'ex-présentateur-vedette de TF1 dans les années 1980 puisse prendre les commandes de* N'oubliez pas les paroles, *Nagui lui avait fait signer un contrat d'exclusivité avec sa société de production Air Productions* », raconte une ancienne conseillère aux programmes de divertissements de la chaîne publique. La star de France 2, qui estime avoir permis à Patrick Sabatier de relancer sa carrière sur le petit écran, n'aurait pas du tout apprécié qu'il ait animé des émissions produites par un autre producteur, en dépit de son contrat. Depuis, les deux animateurs, l'un au sommet du succès, l'autre relégué aux oubliettes, n'ont jamais omis d'exprimer leur inimitié respective par médias interposés. Visiblement, Nagui a toujours le cas Sabatier en travers de la gorge, estimant sans doute avoir été trahi après ce service rendu, comme il le confiera sur LCI, en 2013 : « *Ça lui a permis de remettre un pied sur France 2 et ça lui a permis de ne plus répondre à mes appels au bout de quinze jours, trois semaines où ça marchait bien, et de se mettre à travailler avec d'autres producteurs. J'ai découvert que toutes les lumières rouges, tous les warnings, qu'on m'avait adressés à son sujet en disant fais gaffe, se sont avérés. Je n'ai aucune amitié pour Sabatier !* » On ne peut être plus clair ! Quelques années plus tard, invité de *Touche pas à mon poste*, en janvier 2019, et répondant à une question du chroniqueur Gilles Verdez sur cette brouille avec Nagui, Patrick Sabatier rétorquera laconiquement : « *Ça fait longtemps que j'ai quitté les cours de récré. Alors la vie est courte, je ne vais pas perdre mon temps, donc je n'aurais pas de commentaire. À un moment donné, je m'intéresse plus aux gens que j'aime qu'à ceux que je n'aime pas. Avec Nagui, il y a d'un côté l'animateur qui est très bon, et il y a l'homme...* » Fin de partie entre deux surdoués de l'animation dont les chemins se croisèrent déjà de manière ascendante pour l'un et descendante pour l'autre, dans les studios de RTL durant les années 1980-1990.

Autre ancienne gloire cathodique à ne pas apprécier Nagui : le journaliste Bruno Masure aux manettes du 20 heures d'Antenne 2 puis de France 2, entre 1990 et

1997, avait fait part de son agacement concernant Nagui sur Twitter en septembre 2020 au moment de la diffusion de *La Bande originale.* Dans un tweet, il avait écrit : « *J'adore la radio mais j'ai de plus en plus de mal avec* La Bande originale. *Si tous les chroniqueurs sont drôles et impertinents, le tandem Nagui-Leïla Kaddour nous assène des leçons de morale, pataugeant dans la bien-pensance et le politiquement correct. On se croirait au catéchisme.* » Un propos plutôt sobre de la part de celui qui présentait ses journaux en chaussons et qui n'hésita pas à traiter Jean-Pierre Pernaut de « con » et Laurence Ferrari de « pétasse » ! Le courant ne passe plus entre eux alors qu'ils ont signé une des plus célèbres pages de l'histoire télévisuelle des années 1990, souvent reprise dans les bêtisiers, comme s'en souvient Nagui : « *Le 10 janvier 1993, j'étais sur le plateau du JT de 20 heures d'Antenne 2. J'y étais invité en compagnie de Michel Serrault, pour faire la promotion de* Taratata. *À l'époque, il y avait une affaire sur le fait de ne pas pouvoir faire de cadeau à un journaliste, ce qui pouvait être pris comme du trafic d'influence* […]. *Il ne fallait rien offrir au-delà de 1 000 francs. Pour blaguer, j'avais fait un chèque de 999 francs à Bruno Masure, pour le remercier de m'avoir invité. Michel Serrault, en face, a dit : "Mais je ne savais pas qu'il fallait faire des cadeaux… Je vais vous donner ma veste." Moi, j'ai ajouté mes chaussures, puis c'est parti dans une escalade où nous avons fini… en caleçon ! J'ai présenté mes excuses à Bruno Masure car tout était improvisé…* » Un strip-tease comique n'arrivant pas au bon moment, car le rédacteur en chef du JT demandait à Bruno Masure, dans son oreillette, d'annoncer la mort d'un soldat français. Information évidemment impossible à diffuser dans un tel contexte ! Jean-Luc Reichmann et la coproductrice de *Tout le monde veut prendre sa place*, Simone Harari, ne figurent pas, loin de là, dans le cercle des « favoris » de Nagui. Tout comme ce fut le cas à une certaine période avec Laurent Baffie, même si les relations avec l'ex-snipeur des talk-shows de Thierry Ardisson se sont depuis réchauffées. De même, deux proches de Cyril Hanouna ne partiront sans doute pas en vacances avec Nagui. C'est le cas du chroniqueur de *TPMP* Matthieu Delormeau, souvent outrancier et parfois caricatural, qui a pris en grippe « la poule aux œufs d'or » de France Télévisions depuis longtemps. À croire qu'il y a eu un différend personnel entre les deux hommes. Le 15 janvier 2020 sur le plateau de *Touche pas à mon poste*, Matthieu Delormeau s'en était pris très violemment à Nagui : « *C'est un animateur faussement empathique, avec des candidats qui chantent faussement bien et un public qui est faussement sympathique !* » Et d'ajouter avec certitude : « *Je vais donner un fait pour confirmer que tout est faux dans "le show Nagui". Lorsqu'il finit son émission du midi,* Tout le monde veut prendre sa place, *un des assistants qui est dessus, et je le jure, me dit que lorsqu'il a terminé d'enregistrer, il exige que personne ne soit dans les couloirs, ni assistant, ni personnel, ni candidat, lorsqu'il marche dans les couloirs. Mais on est où là ?* » N'hésitant pas à enfoncer le clou, Matthieu Delormeau ira jusqu'à dénoncer une véritable omerta autour de Nagui en déplorant que ces informations (réelles ou pas…) ne soient pas diffusées : « *Et moi j'en ai marre, que maintenant on voit dans les sondages que les animateurs préférés des Français, Michel Cymes et Nagui, sont en réalité, quand on les connaît en coulisses, les moins généreux, les plus égocentriques de la télé. Cela fait chier, ça !* » Un coup de gueule anti-Nagui un peu théâtral, mais qui n'est pas le premier à l'encontre de la star de France 2 que certains jugent intouchable en raison de son audience et des recettes publicitaires qu'il génère.

En mai 2019, c'était Éric Naulleau, chroniqueur auprès de Cyril Hanouna dans *Balance ton post* et présentateur de la seconde partie de ce talk-show du jeudi soir sur C8, qui avait dévoilé comment il avait été évincé de *La Bande originale*, en 2016, à cause de Nagui. Dans une interview à *Télé 2 semaines* le 31 mai 2019, l'ex-complice d'Éric Zemmour dans *On n'est pas couché* affirmait avoir été renvoyé de France Inter à la suite d'une blague qui n'aurait pas été du goût de Nagui : « *J'ai été viré en une heure de l'émission de Nagui. J'avais fait une blague sur lui, après qu'il eut dit qu'il travaillait "bénévolement" pour la radio. J'ai appris juste après l'émission qu'il n'avait pas apprécié et que je ne reviendrai pas. C'était sa décision. Mais il ne me l'a pas expliqué lui-même… Ce n'est pas le genre de la maison ! Vous savez, ces gens-là préfèrent faire ça en coulisses, c'est mieux aussi pour l'image publique. Il faut rester sympa et bien classé dans les enquêtes de popularité !* » Nagui ne répondra pas à ces déclarations. L'une de ses proches à Air Productions justifie son silence : « *Pourquoi voulez-vous qu'il réponde à un chroniqueur intermittent en perte de vitesse et en panne de gloire cherchant à faire du buzz sur le dos de Nagui, ou à un ancien collaborateur éphémère de France Inter avec qui le courant ne passait pas, tout simplement ? Dire que Nagui méprise le public comme Delormeau l'a décrit, c'est n'importe quoi, même s'il se peut qu'en raison de son planning ultra-chargé dans une journée, il n'ait pas toujours le temps de s'attarder avec ses nombreux fans qui l'adorent. C'est pour cela qu'il traîne une réputation de "faux gentil". Et comme par hasard, les agressions de Delormeau et Naulleau, ou aussi celles de Gilles Verdez, ne viennent pas de n'importe où : ils bossent pour Cyril Hanouna qui est en concurrence chaque soir entre 19 et 20 heures avec* N'oubliez pas les paroles. *Mais Nagui ne croit pas qu'il s'agisse d'une opération téléguidée par Hanouna en personne pour le déstabiliser, car les deux hommes s'apprécient plutôt, sans être les meilleurs potes du monde. Et ils font tous les deux parties de Banijay, donc ça discute entre eux. Ils ont même failli produire des émissions en commun il y a quelques années…* »

Dur et impitoyable monde des médias en général et du PAF en particulier ! Si Nagui entretient de bons rapports avec la majorité des artistes (chanteurs, acteurs, écrivains) qu'il reçoit dans *Taratata* ou *La Bande originale*, quelques-uns ont eu également maille à partir avec lui. À commencer par le comédien et réalisateur Richard Berry. L'origine de leur haine mutuelle remonte au mois de mars 2015 lorsque l'animateur avait critiqué Richard Berry alors en pleine promotion de son long-métrage, *Nos femmes*, qu'il avait réalisé et interprété aux côtés de Daniel Auteuil et Thierry Lhermitte. « *On s'est croisés une fois, car sa fiancée de l'époque fréquentait ma fiancée de l'époque. Je suis allé dîner chez lui, il est venu dîner chez moi. Un type méprisant, humiliant, irrespectueux, mal élevé. On peut se passer de gens comme ça…* », expliquera Nagui dans le magazine *Télé Star* en 2015. Déjà, en 2009, il s'était confié dans les colonnes du quotidien *Le Parisien*, n'hésitant pas à dire que l'acteur était « *l'incarnation de la suffisance et de la prétention* ». Richard Berry avait répondu dans la foulée à ces attaques par une diatribe tout aussi agressive : « *Je méprise un type qui, depuis vingt-cinq ans, passe son temps à baver sur moi. En réalité, il a foutu sa petite amie de l'époque dehors en plein hiver, la nuit, parce qu'elle fumait. Voilà, comme ça, les gens sauront pourquoi je trouve ce mec méprisant et humiliant avec les femmes. On ne jette pas sa petite amie dehors parce qu'elle fume. Moi, à ce moment-là, j'ai réagi parce que je n'ai pas trouvé ça bien. Je n'ai certainement pas de leçons d'humanité à recevoir de M. Nagui* », lança le comédien, ajoutant : « *Je pense que Nagui se sert de moi et de mon actualité pour faire son buzz étant donné qu'il n'a pas de carrière ou une carrière cathodique qui n'existe pas !* » Invité en mai 2015 dans *C à vous*, pour promouvoir *Nos femmes*, Richard Berry voulut en terminer avec ce duel quelque peu nauséabond : « *Je regrette d'avoir soulevé ça. J'aurais dû me taire comme je le fais depuis plusieurs années. Mais j'en ai eu marre à un moment parce que c'est récurrent de sa part et je ne suis pas le seul d'ailleurs, il y a beaucoup de mes camarades qui sont victimes des propos de ce garçon* », souligna le comédien à propos de son clash avec Nagui sans jamais citer son nom. Entre eux, il s'agit véritablement d'un conflit privé qui a débordé de la marmite pour s'étaler dans la sphère publique. Jamais le présentateur n'invitera l'acteur-metteur en scène dans *La Bande originale*. Idem pour la chanteuse Jeanne Mas en querelle avec Nagui depuis plus de dix ans. Tout a démarré le 23 août 2009, dans *Le Parisien*. L'animateur, alors en promotion d'une nouvelle émission sur Europe 1 (où il officia de 2009 à 2011 après ses passages à Europe 2 et Virgin Radio entre 2006 et 2008), révèle une remarque que Jeanne Mas aurait prononcée à son sujet au sein de sa maison de disques Pathé EMI. Selon Nagui, l'interprète d'*En rouge et noir*, alors en tête des hit-parades, aurait « *écrit sur le tableau promo de sa maison de disques : "OK pour tout, sauf l'Arabe." Elle est interdite de tout pour moi. Depuis, c'est la fatwa !* ». Ce qui vaudra à la chanteuse d'être persona non grata dans les émissions de l'animateur. De son côté, Jeanne Mas nie en bloc ces accusations de racisme. Juste après la parution de l'interview de Nagui, elle lui répondit par le biais d'une lettre ouverte le 25 août 2009 : « *Vis-à-vis de mes enfants, de mes fans, de mes amis et de moi-même, je ne peux rester sans répondre à ces horribles accusations. D'où sortez-vous cette aberration ?* » En estimant que les propos de Nagui étaient peut-être liés à des problèmes de racisme qu'il aurait pu rencontrer dans le passé, Jeanne Mas se dira « désolée », admettant la « colère » que pouvait ressentir l'animateur, tout en lui demandant « *de ne pas alimenter la haine dans un monde en manque de paix* ». Dix années après cette affaire, Jeanne Mas reviendra sur ce sujet dans *TPMP* le 23 mai 2019 : « *Moi j'ai pas de problème avec Nagui, c'est Nagui qui a un problème avec moi. Il a utilisé les médias pour m'accuser de racisme. Je pense que Nagui avait eu des informations qui étaient totalement erronées, ou alors il avait juste envie d'être méchant avec moi, et donc il a affirmé des choses qui étaient totalement fausses. J'ai été blessée. Quand ça m'est venu aux oreilles, j'ai essayé de comprendre pourquoi il disait des choses pareilles, et il n'a jamais voulu me donner aucune explication, ce qui a été quand même très douloureux...* » Jeanne Mas se dira même prête à ranger cette brouille aux oubliettes, en affirmant qu'elle aimerait bien participer à l'émission *N'oubliez pas les paroles*. Mais Nagui a la rancune tenace et n'a pas été sensible à cet appel. En mai 2020, sur le plateau de son jeu musical, les téléspectateurs en ont eu une nouvelle fois la preuve. Alors que la candidate Maureen avait le choix entre un titre de La Compagnie créole et un tube de Jeanne Mas, l'animateur refusa de prononcer son nom et le titre de sa chanson. L'apprentie chanteuse se montra gênée par l'attitude de Nagui, car elle souhaitait effectivement interpréter *En rouge et noir*. Et Nagui de lui lancer : « *Tant que c'est vous qui la chantez, ça me va !* » Lorsqu'il a une pique à adresser ou un compte à régler avec une personnalité, le producteur-présentateur se sert aisément de ses émissions. Ce fut ainsi le cas en 2014, cette fois sur le plateau de *Tout le monde veut prendre sa place* avec pour cible Mylène Farmer. Face à un candidat et fan de la chanteuse, il envoya sa flèche : « *Je l'ai beaucoup écoutée, je l'ai même beaucoup interviewée et beaucoup aidée au début de sa carrière. Mais tout le monde n'a pas une bonne mémoire. Surtout pas elle !* » Nagui a en effet plusieurs fois interviewé Mylène Farmer notamment le 22 mars 1989 dans l'émission *Fréquenstar* sur M6, et le 8 avril 1991 dans *Génération Laser* sur RTL lors de la sortie de son album, *L'Autre…* Quelques jours plus tard, le 22 mai 1991, elle était l'invitée d'honneur de *Studio 22*, toujours sur RTL et également animée par Nagui. Après avoir assisté aux concerts du Tour 89 de la chanteuse, il avait exprimé son admiration envers l'interprète de « Désenchantée » dans le magazine *Top 50* du 12 juin 1989 : « *Sur scène, Mylène Farmer est à la France ce que Michael Jackson est aux États-Unis. Certains disaient qu'elle chantait faux, ce sont eux qui parlent faux ! Allez la voir.*

Vivement Bercy que j'y retourne ! » Mais le ton et les relations ont bien changé depuis. Nagui n'aurait pas apprécié que Mylène Farmer ne vienne pas recevoir son trophée lors des Victoires de la musique 2005 qu'il présentait en tandem avec Michel Drucker. Il a souvent évoqué l'utilisation par la chanteuse de moyens techniques lui permettant de ne pas vraiment chanter en direct lors de ses shows afin de pouvoir danser en même temps. Le 2 décembre 2010, Mylène Farmer relevait dans *Paris Match*, en répondant aux questions de l'écrivaine Nathalie Rheims, « *les médisances d'un animateur de jeu télévisé quant à mon prétendu play-back sur scène… C'est impressionnant de voir à quel point certaines personnes se sentent grandies en dénigrant, en tentant de blesser. Il s'agit bien souvent de gens qui rêveraient d'une vie meilleure. Encore faut-il être à la hauteur. Je crois à la vertu de la décence. La critique est nécessaire, la grossièreté inutile* ». Pas de calumet de la paix à ce jour entre le bateleur du tube cathodique et la diva lunaire du show-business, même si Nagui lui a tendu la main sur le plateau de *C à vous* sur France 5, le 21 septembre 2011, quand on le questionna : « *J'avais pris le parti de ne pas parler de Mylène Farmer. Parce qu'après, on croit qu'il y a un dossier, qu'il y a un truc qui ne va pas. En tout cas, je regarde les caméras : à* Taratata, *quand vous voulez, Mylène…* » La chanteuse n'a pas entendu l'appel et n'est jamais venue. « *Nagui a du caractère et peut être rancunier, un peu méchant, c'est vrai. Il a aussi tendance à aller un peu trop loin dans les vannes, comme lorsqu'il s'en prit à l'âge de Mylène Farmer alors qu'ils sont nés la même année, elle en septembre, lui en novembre ! Mais sur l'ensemble, il a quand même plus d'amis que de véritables ennemis* », note un ancien patron des programmes de RTL. Même Jean-Luc Reichmann, l'ancien complice devenu rival, se fendit d'un message affectueux quand Nagui arrêta *Tout le monde veut prendre sa place* en juillet 2021 : « *Plus de trente ans de complicité depuis* Que le meilleur gagne !. *Compétition, exigence et respect ont toujours été un moteur face à toi. Tout le monde veut prendre ta place, mais pour moi, personne ne te remplacera NAG !* » À savoir si Nagui a ressenti une véritable sincérité dans cet hommage…

11
UN HOMME ENGAGÉ

Ne raillez pas les engagements de Nagui dans différents domaines, il vous en coûtera ! L'écrivain Nicolas Rey s'en est rendu compte. Invité le 5 juin 2021 dans l'émission de Laurent Ruquier *On est en direct* sur France 2, le romancier s'était moqué de l'animateur qu'il cite dans son dernier livre *La Marge d'erreur*. « *J'aime bien Nagui parce qu'il défend des causes. Il s'engage, c'est un révolté, un rebelle. Il n'aime pas le cancer. Il n'aime pas les femmes violées. Il y va, il tape fort !* » avait-il ironisé sur le plateau du talk-show de Ruquier. Dès le lendemain, Nagui réagira sur Twitter, répondant sans le citer à Nicolas Rey qu'il n'aimait « *ni les pollueurs, ni les méchants, ni les gros cons surtout* ». L'homme de lettres se sentit d'ailleurs obligé de s'excuser quelques jours plus tard sur l'antenne d'Europe 1. Car Nagui ne veut pas se contenter de son simple et luxueux statut d'animateur-producteur hyperpuissant du PAF. Il veut être un citoyen impliqué dans différentes causes comme l'écologie, la recherche médicale, la lutte contre les violences faites aux femmes, le racisme et l'homophobie, l'aide aux défavorisés ou même la politique quand de grands enjeux électoraux se présentent. Lors de l'entre-deux-tours de l'élection présidentielle de 2017, il fit ainsi partie des signataires d'une tribune de Juliette Méadel, alors secrétaire d'État chargée de l'Aide aux victimes dans le gouvernement de François Hollande et Bernard Cazeneuve, appelant à faire barrage à Marine Le Pen lors du second tour et à soutenir Emmanuel Macron. Dans cet appel, on pouvait lire « *Madame Le Pen, vous n'aurez pas nos peurs, vous n'aurez pas nos colères, vous n'aurez pas nos haines* », estimant que le projet de Marine Le Pen « *renforce le terrorisme qu'elle prétend combattre* ». Aux côtés de Nagui, on retrouvait des proches de victimes d'attentats (comme Latifa Ibn Ziaten, Georges Salines, Étienne Cardiles), la fondatrice de SOS Attentats Françoise Rudetzki, des comédiens comme Pierre Arditi, Bruno Solo ou François Morel et d'autres personnalités comme l'ancien eurodéputé Daniel Cohn-Bendit. Il avait aussi ouvertement estimé que l'attitude de l'humoriste Pierre-Emmanuel Barré, chroniqueur de son émission *La Bande originale* sur France Inter, de privilégier l'abstention lors du second tour était « irresponsable », avouant être « *sidéré que le FN soit banalisé* ». Mais Nagui, qui a voté pour Noël Mamère aux présidentielles de 2002, ne s'est pas engagé en faveur d'Emmanuel Macron, en 2017, mais plutôt contre Marine Le Pen. Il avait déjà exprimé son opinion au sujet de l'extrême droite le 16 septembre 2013 dans l'émission *Les Grandes Gueules* sur RMC : « *Évidemment, j'ai beaucoup de mal avec les idées du Front national. Pour être clair, je pense que ces idées-là m'empêcheraient d'être aujourd'hui à votre micro et d'avoir une vie en France et même d'avoir grandi en France avec cette culture et cette langue française…* » Et quant aux prétendues modifications du discours de ce qui était encore le Front national, Nagui se montrait très clair : « *Non, non, non, non ! On peut comprendre les gens qui peuvent voter Front national parce qu'ils sont embêtés, dans le désarroi, ou peut-être au bout du rouleau. Je crois que malheureusement, on n'a pas beaucoup de mémoire. Le Front national n'est pas plus* light *ou plus fréquentable. Vous voyez les minots qui ont 20-21 ans et qui se présentent en tête de listes, je ne crois pas qu'ils se souviennent de tous les discours tenus par Jean-Marie Le Pen pendant des années. Alors moi, je fais partie de ceux qui, au-delà de 50 ans, ont fini par avoir quand même encore de la mémoire. Il y a des choses que l'on ne peut pas oublier. Tous les "détails" que l'on ne peut pas oublier...* » Il n'a jamais non plus caché qu'une éventuelle accession au pouvoir de Marine Le Pen pourrait le faire quitter la France. Interrogé en 2015 sur la montée du Front national, Nagui avait de nouveau manifesté ses inquiétudes sur ces thèmes, dans *Le Tube*, présenté le samedi par Ophélie Meunier sur Canal Plus. « *Avant, je recevais des lettres comme "Sale Arabe, retourne dans ton pays". On voyait déjà à l'écriture que le mec avait des problèmes ou une gastro, enfin que l'écriture était pas très, très droite. Là, maintenant, c'est "Monsieur Untel" – c'est souvent des hommes d'ailleurs, telle adresse, telle ville. Je lis, je regarde, je me dis "Pauvre gars" et je les affiche au bureau. Parce que la connerie m'a toujours fait rire !* »

Nagui n'hésite pas à s'impliquer publiquement et médiatiquement dans de nombreux combats, comme celui des violences faites aux femmes et à utiliser son temps d'antenne pour livrer un message engagé. Ce fut le cas le vendredi 8 mars 2019, dans *Tout le monde veut prendre sa place*, à l'occasion de la Journée internationale de la femme avec un speech tout autant inattendu que déterminé. « *Je vais un tout petit peu plomber l'émission dès le début. C'est la Journée de la femme, oui. Je fais toujours des taquineries, des blagues, des coquineries, appelez ça comme vous voudrez, sur les filles. Et je trouve dommage qu'il y ait une Journée de la femme car je pense que ça devrait être un sujet qui nous préoccupe tous les jours* », déclara d'abord le présentateur avant d'enchaîner : « *Je pense notamment au harcèlement, au comportement de tous ces chiens qui n'ont aucune éducation, qui oublient qu'ils sont nés d'une femme, qui manquent de respect aux femmes… Les mecs, vous n'êtes pas normaux dans vos têtes. Faites-vous soigner. C'est elles qui donnent la vie, c'est elles qui ont raison et c'est vous qui êtes à côté de la plaque !* » Un discours chaudement applaudi par le public et les participants, présents ce jour-là dans les studios de la Plaine-Saint-Denis. Même sentiment d'indignation et même cri de révolte concernant l'homophobie. Le 17 août 2019, le candidat Jean-Luc avec neuf victoires au compteur dans *Tout le monde veut prendre sa place* discute en toute décontraction avec Nagui avant l'arrivée des autres participants, sur le plateau. Leur échange évoque notamment l'homophobie. Au cours de leur dialogue, Jean-Luc raconte son engagement en tant que bénévole pour l'association SOS homophobie, un collectif qui vient en aide aux victimes d'actes homophobes. Ému par cette confidence, Nagui choisit d'adresser, durant l'émission, « *une pensée pour l'association Le Refuge qui propose un hébergement temporaire et un accompagnement social aux jeunes victimes de LGBT-phobies* ». Et face caméra, il délivre un message aux personnes homophobes. « *Il y a encore des idiots, je ne sais pas quel mot donner… Si vous regardez cette émission, je ne sais même pas ce que vous faites là ! Car ce n'est pas du tout les valeurs qu'on y transmet. Et surtout, aimez qui vous voulez. Et puis laissez les autres aimer qui ils veulent. En quoi ça peut vous gêner ? Je ne comprends pas en quoi ça vous gêne !* » conclua-t-il sous les vivats du public, spontanément acquis à sa personne et à sa cause. Force est de constater que Nagui reste le seul dans sa catégorie d'animateurs de divertissements et de jeux populaires à s'aventurer sur ce terrain. On voit mal un Michel Drucker, un Jean-Pierre Foucault, un Nikos Aliagas, un Stéphane Bern ou un Arthur parler ainsi librement, voire avec virulence, de sujets aussi sérieux durant leurs shows. Ni TF1 ni France 2 à l'époque n'auraient toléré une utilisation de leurs antennes pour cela. « *C'est la preuve de sa puissance à France Télévisions et de son rang d'intouchable, comme c'est le cas de Cyril Hanouna à C8,* juge un ex-responsable des programmes des chaînes publiques. *Nagui peut tout se permettre, cela frise parfois le bon sentiment, un peu la démagogie, avec un côté bonne conscience que je trouve outrancier. Mais cela n'est pas insincère, peut être un peu trop forcé. Comment ne pas dire non aux violences contre les femmes, aux actes homophobes, au racisme ? C'est pour cela que la critique de Nicolas Rey a dû le toucher, car elle pointait son côté ultra-consensuel avec les accents d'un chevalier blanc pour les nobles causes.* » Dès qu'un sujet le heurte, le choque ou l'émeut, il ne craint pas de monter au créneau. Ainsi, pour le viol et celui des enfants en particulier. Le 16 novembre 2017, il s'était exprimé sur Twitter alors qu'un homme de 30 ans avait été acquitté du viol d'une fillette de 11 ans par la cour d'assises de Seine-et-Marne, le tribunal considérant qu'elle avait eu une relation sexuelle consentie n'ayant pas fait l'objet de « contrainte, menace, violence ou surprise ».

À cette époque, la secrétaire d'Etat chargée de l'Égalité femmes-hommes, Marlène Schiappa avait précisé que la fixation d'un âge de consentement ferait partie de son projet de loi sur les violences sexistes et sexuelles attendu en 2018. Elle évoquait un âge minimal entre 13 et 15 ans tandis que la ministre de la Justice d'alors, Nicole Belloubet, estimait que l'âge de 13 ans pourrait être retenu. C'est cet âge de 13 ans qui avait fait réagir Nagui sur Twitter. « *Il est absurde d'imaginer qu'à 13 ans on puisse être consentant ou dire non à un agresseur. Et vous à 13 ans ? Nicole Belloubet et vous Marlène Schiappa à 13 ans ? Souvenez-vous de l'enfant que vous étiez, s'il vous plaît. Je vous en supplie* », avait-il questionné. Invité le 6 février 2018 dans *Quotidien* présenté par Yann Barthès sur TMC, il apporta son opinion sur la prescription des viols : « *Je suis choqué par toutes les violences faites aux enfants, aux femmes évidemment. Je trouve ça hallucinant que quelqu'un puisse violer un enfant et qu'on lui dise après "non mais maintenant, même s'il y a des preuves ADN, même si la personne porte plainte, tu ne risques plus rien du tout, il y a prescription". Pour moi c'est inimaginable. Ça sort de l'entendement. Je pense que si on n'a pas envie d'avoir honte du pays où on est, qu'on arrête de prescrire. Les violeurs sont des violeurs. Cela me rend dingue qu'il n'y ait pas plus de prescription. Alors que ce soit décalé de vingt ou trente ans je trouve ça hallucinant !* » Et s'il condamne fermement les actes de viols, d'agressions sexuelles ou de harcèlement, Nagui sait aussi faire preuve de discernement et ne pas hurler avec les loups lorsqu'une « affaire » éclate au grand jour. Quand Patrick Bruel fut accusé durant l'été 2019 d'exhibition sexuelle par une employée d'un hôtel d'Ajaccio, l'animateur fit preuve de prudence dans les colonnes du *Parisien* en réponse à des lecteurs : « *Évidemment que je suis surpris. En même temps, quelqu'un qui se fait masser en étant nu sous sa serviette, ça arrive souvent. J'ai cru comprendre que la demoiselle n'a pas porté plainte mais avait voulu témoigner pour libérer la parole. Je défends les causes féminines et je n'imagine pas Patrick forcer qui que ce soit de la gent féminine à l'apprécier. C'est un tatouage au fer rouge. Vrai ou faux, on va trop vite dans le jugement…* » Lors des révélations sur l'affaire Weinstein durant l'automne 2017, il faillit lui-même passer sous les fourches caudines des réseaux sociaux quand une inconnue avait tweeté : « *Et personne ne parle de Nagui #Balancetonporc.* » Une autre ajouta sur Facebook : « *Ça ne m'étonnerait pas vu ses vannes.* » Heureusement pour lui, le buzz intox se dégonfla aussi vite qu'il n'était apparu. Même si Nagui le reconnaît lui-même : « *C'est vrai que mes vannes sont souvent en dessous de la ceinture et j'ai sûrement été un peu lourd dans ma vie, surtout avec ma femme Mélanie, mais ça s'arrête là.* » Mais le grand engagement de Nagui, à la fois public et privé, reste sans doute celui en faveur de l'écologie et de la protection de l'environnement et des animaux. « *Lorsque l'on naît au bord de la Méditerranée, qu'on grandit au bord de la Méditerranée, vous avez assez rapidement une conscience sur l'importance de la nature* », expliquait-il dans une interview il y a quelques années. Son implication écologique fut d'abord provoquée par sa réaction devant la banquise qui s'écroule, les forêts qui brûlent, le réchauffement climatique ou les continents menacés par les déchets plastiques. Les nombreuses images que l'on voit de plus en plus circuler ne manquent pas de choquer Nagui, qui a visionné plusieurs documentaires à ce sujet, en particulier sur Netflix. Mais le véritable déclic a eu lieu avec les séquences chocs diffusées par l'association L214 sur la souffrance animale comme il l'expliqua au site Brut en octobre 2019 : « *Quand vous entendez un veau hurler parce qu'on l'arrache à sa mère à 4-5 mois et qu'il est propre à la consommation, on n'a pas envie d'être complice de ça. Quand vous voyez une vache suspendue par une patte arrière et qui est en train de se débattre et qu'on la tue avec une espèce de pistolet électromagnétique et qu'on l'égorge pour que le sang coule… Oui, il y a un moment où on se dit : j'ai pas envie d'être complice de ça ! Enfant des villes, je ne réfléchissais pas à la façon dont on traitait les bêtes. Je ne réalisais pas qu'on entend les vaches pleurer quand on leur retire leurs veaux. Ces sons-là résonnent dans ma tête. Je ne veux plus qu'on tue des animaux pour moi… Et pourtant, j'en ai mangé de l'agneau de 7 heures, des côtes de bœuf, du foie gras, du saucisson aux olives !* » Devenu végétarien depuis l'été 2016, il a supprimé la viande de son régime alimentaire, le poisson ou encore les œufs tout comme son épouse Mélanie, mais il n'oblige pas leurs enfants à les imiter. Pas de prosélytisme chez la famille Fam. Par contre, Nagui instille de l'écologie dans l'éducation de sa progéniture en bannissant les bouteilles en plastique, dorénavant systématiquement remplacées par des gourdes. Désormais au menu du couple Fam, c'est beaucoup de pâtes, de riz, de légumes, de crudités et du chocolat. En 2016, Nagui fut d'ailleurs élu, avec la comédienne-réalisatrice Mélanie Laurent, par l'association Peta (très active dans la défense des animaux) comme « les personnalités végétariennes françaises les plus sexy de l'année ». Dans les locaux de sa société de production, le patron a également imposé quelques bases « vertes » : la fin du café en capsules ou encore de la viande dans les caterings. Nagui a un rêve : vivre dans l'autosuffisance énergétique avec, par exemple, l'installation de panneaux solaires dans sa maison parisienne de Montmartre ou dans l'immeuble de son entreprise. Celui qui confie ne plus avoir acheté de nouveaux vêtements depuis quatre ans, toujours dans un esprit pro-environnement et de décroissance, sait néanmoins qu'il se trouve dans une situation confortable et privilégiée par rapport à la majorité de la population. Selon lui, il ne s'agit pas de « *donner la leçon* » mais de se dire : « *à notre niveau, si on peut faire quelque chose, c'est déjà ça* ». Quand, le 14 septembre 2019, on lui demande s'il juge le gouvernement d'Emmanuel Macron à la hauteur des enjeux environnementaux, le végétarien du PAF commente ainsi l'action du chef de l'État : « *Je n'ai toujours pas digéré le non-arrêt du glyphosate. Et je trouve dingue qu'on soit le pays au monde où il y a le plus d'espèces que les chasseurs ont le droit d'abattre… Macron a annoncé un verdissement de sa politique et c'est positif. Il faut agir maintenant.* » Et toujours prompt à se servir de ses émissions pour affirmer ses convictions, Nagui se déclara dans *Tout le monde veut prendre sa place* contre les zoos, sauf s'ils remettaient les animaux dans la nature après les avoir soignés. De même les Marinelands « *où les dauphins se laissent mourir* ». Même combat contre les élevages intensifs où les bêtes ne voient pas la lumière naturelle, contre la pêche ultra-intensive qui met en péril les fonds marins en Méditerranée et partisan du boycott de certains produits ne respectant pas les règles environnementales… Bref, Nagui clame haut et fort sa « green » attitude. Et l'affaire des vachettes supprimées d'*Intervilles* en 2020 en est l'une des plus éclatantes illustrations. Après des années d'absence, la célèbre émission *Intervilles* devait revenir sur l'antenne de France 2 en juillet et août 2020. Avec une grande différence avec les anciennes versions : la disparition des fameuses vachettes. Nagui, producteur de cette nouvelle version du jeu culte créé par Guy Lux dans les années 1960, ne faisait que mettre en application ses convictions sur le bien-être animal. Aussitôt, l'inquiétude et la colère avaient gagné plusieurs départements du Sud-Ouest où la course landaise fait partie du patrimoine culturel. L'Union des villes taurines françaises, qui réunit une cinquantaine de communes (dont les membres principaux des villes cultes du jeu, telles Mont-de-Marsan et Dax), publiera même un communiqué dénonçant une « *version édulcorée stigmatisante pour la culture taurine* » en appelant au boycott pur et simple d'*Intervilles*, produit par Nagui avec Olivier Minne, Bruno Guillon et Valérie Bègue à la présentation. Invité de *L'Instant M* sur France Inter le 3 février 2020, il balaiera d'un revers de main cet appel au boycott avec une certaine condescendance et un peu de maladresse : « *Je tremble ! Ces 50 villes, 50 maires ou 50 participants de cette association, ce n'est pas les habitants de la ville… Ils font ce qu'ils veulent où ils veulent mais il y a un truc en effet qui s'appelle la télécommande, ils pourront regarder ou pas. Pendant deux ans, j'ai animé* Intervilles *et vu ce qui se passait avec ces animaux, je n'ai pas envie de reproduire ça. Et je ne suis pas le seul, on en parle avec la chaîne. Notre intention est d'être extrêmement bon enfant dans cet* Intervilles, *d'être drôle, d'avoir du dépassement de soi et de respecter nos traditions françaises, que je respecte évidemment, dans la limite du respect de la souffrance animale et dans la limite du respect de la souffrance des candidats aussi, il ne faut pas l'oublier.* » Réplique de Christian Peyret, le maire de Nogaro dans le Gers : « *Ce mépris ne m'étonne pas de la part de ce personnage médiatique. Si on regarde le nombre de personnes qui soutiennent notre combat, ce sont 15 000 foyers, ce qui représente 30 000 à 40 000 personnes, voire plus. On ne peut pas négliger ça. Et il ne faut pas oublier l'Union des villes taurines du Sud-Ouest qui ne participeront pas à ce jeu : cela représente des centaines de milliers de personnes qu'on ne peut pas ignorer. Donc très clairement, Nagui nous nargue et se fout de nous !* » Réaction identique et courroucée de Pierre Robin, créateur du groupe Facebook « Non à *Intervilles* sans vachette ! », qui réunit 15 000 membres : « *Nagui n'apporte pas de précisions et reste assez hautain quand il fait allusion à 50 villes seulement. Ces 50 villes, ce sont de nombreux habitants, nous sommes à plus de 15 000 membres sur notre groupe Facebook, ce n'est pas rien. Il fait totalement abstraction du nombre de personnes qui nous soutiennent.* » Finalement, c'est la pandémie du coronavirus qui anéantira cette polémique puisque *Intervilles* sera annulé en raison de la situation sanitaire. Et Nagui passera son été 2020 dans sa demeure à Saint-Tropez, à la fois pour ses vacances et aussi pour donner du réconfort et du bonheur à des jeunes défavorisés qu'il accueille dans sa villa tropézienne, en association avec le Secours populaire et le Secours catholique. Un autre engagement citoyen et généreux qu'il n'a jamais trop aimé évoquer publiquement, même s'il en parla dans *Le Point* du 25 décembre 2019 : « *Avec Mélanie, ce sont des histoires humaines que l'on garde pour nous. On a accueilli des enfants à partir de 5 ou 6 ans et on les accompagne jusqu'à leurs 18 ans, et même au-delà. Si on en a parlé un jour, ce n'est pas pour étaler une forme de générosité, mais juste pour dire que tout le monde peut tendre la main, il suffit de contacter le Secours populaire ou le Secours catholique. Rajouter une part de nourriture, une place pour dormir, ce n'est pas si compliqué que ça, et vous rendez des enfants heureux...* » Pour l'un des responsables du Secours populaire, l'apport et l'engagement de Nagui dans leur lutte contre l'exclusion et la pauvreté sont sincères et permanents : « *C'est l'un des parrains de notre opération "Vacances" et il le prouve concrètement dans sa résidence de Saint-Tropez, mais il fait aussi des choses durant les fêtes de Noël, pour nos tombolas solidaires ou à d'autres moments de l'année. Nagui jouit d'une image sympathique et engagée dans le grand public, grâce également à son rôle de présentateur du* Téléthon. *Agir avec lui, c'est aussi profiter de son immense notoriété et des représentations mentales qui lui sont attribuées. Avec Nagui, on s'assure enfin une plus grande visibilité pour nos actions. Cela ne nous étonne pas qu'il soit le présentateur favori des Français, parce qu'il véhicule de belles idées et qu'il s'investit sur le terrain. Il nous donne de vrais coups de main.* » Outre son soutien au Secours catholique et au Secours populaire déjà évoqué, Nagui répond aussi toujours présent auprès d'autres associations comme le Sidaction, les Petits Princes ou la Fondation pour la recherche médicale. Une manière de rendre aux autres ce que sa réussite professionnelle lui a donné. Et aussi pour rester fidèle aux valeurs inculquées par son père et sa mère : la tolérance, l'altruisme et le respect. Pour le déraciné d'Alexandrie, l'engagement citoyen est un véritable enracinement. Comme un signe à Lofty et Colette, ses parents qui lui manquent tant…

ÉPILOGUE

Deux mois avant de fêter son soixantième anniversaire, Nagui se lançait dans un nouveau défi : *The Artist.* Une nouvelle émission diffusée en prime time et en direct le 11 septembre sur France 2. Ce n'est pas un jeu, mais un show musical comme il les aime : découvrir de nouveaux auteurs-compositeurs-interprètes inconnus, sans maison de disques. Une sorte de *The Voice* mais avec des chansons originales et un jury de spécialistes ou de professionnels de l'industrie musicale, et non pas des vedettes du microsillon. Comme s'ils avaient craint ce concept né dans la tête de Nagui, les dirigeants de TF1 décidèrent de programmer en urgence, à la même heure, *The Voice All Stars*, prévu initialement quelques mois plus tard, avec d'anciens candidats emblématiques du télé-crochet de la Une. « *On fait tellement peur que notre concurrence envoie l'artillerie lourde face à nous*, déclarait Nagui dans les colonnes du *Parisien* le 30 août. *Nous ne faisons pas une émission avec des perdants de* The Voice, *ce sont eux qui le font. Et c'est le plus beau compliment que puisse me faire TF1 en programmant* The Voice *face à* The Artist. *Cela prouve que l'on est dans le juste et cela m'enlève une épine du pied puisque je peux dire à France 2 : vu la concurrence, qu'est-ce que vous voulez que je fasse en termes d'audiences ?* » Preuve de sa place prépondérante à France Télévisions : la chaîne lui permettra de débuter dès 20 h 40 *The Artist* au lieu de 21 heures, comme c'est le cas pour les autres programmes. Autre signe de son influence et de sa puissance sur le service public : les patrons de France 2 ont accepté, à sa demande expresse, que les appels des téléspectateurs votants pour choisir le vainqueur de *The Artist* soient gratuits, contrairement à l'usage où ils sont surtaxés, permettant ainsi de juteux bénéfices pour les diffuseurs. C'est un fait, Nagui a la carte ! Quand il n'est pas d'accord avec Simone Harari, la coproductrice de *Tout le monde veut prendre sa place*, il préfère rendre son tablier d'animateur et il le dit ouvertement en avril 2021 sur France Inter : « *Ça fait presque trois ans que j'évoquais le besoin de rafraîchir le jeu, ne serait-ce que pour me renouveler. Ça implique que tout repose sur mon humeur, ma forme, mon sens de la repartie. Mais moi, je ne suis pas humoriste…* » De toute façon, France 2 lui déroule le tapis rouge en lui confiant la production d'un nouveau jeu, *Chacun son tour*, la présentation et la production de *The Artist* et du *Club des invincibles*, sans oublier la signature de la saison deux de la série *L'École de la vie*, après son succès en avril 2021. Même s'il reste l'un des visages emblématiques de France 2, cela ne l'empêche pas de développer des projets de fictions avec… TF1 !

Nagui, enfant de la télé, devenu roi du tube cathodique, devrait le rester encore longtemps. Peut-être pas comme présentateur TV vieillissant, car il saura ne pas faire « l'émission de trop ». Animateur à la radio, sans doute, car il a ce média dans la peau. Quant au producteur de l'ombre qu'il est, créant et façonnant de nouveaux projets télé, il poursuivra certainement sa route encore de nombreuses années…

REMERCIEMENTS

Merci à ceux qui ont accepté de me répondre ouvertement pour ce livre, en dépit du contexte sanitaire compliqué. Je pense en particulier à Monique Le Marcis, Claude Hemmer ou Alexandre Marcellin parmi quelques autres.

Je remercie aussi tous ceux et toutes celles qui ont témoigné par Zoom, Skype ou au téléphone, mais sans vouloir être nommément cités pour des raisons professionnelles ou personnelles (entre autres à France Télévisions, TF1, Canal Plus, Air Productions, Banijay, aux studios de la Plaine-Saint-Denis, à RTL ou France Inter).

Merci évidemment à mon éditeur Louis de Mareuil pour son enthousiasme, son professionnalisme et son soutien, ainsi qu'à toute l'équipe de Mareuil Éditions.

Et merci à Nagui d'avoir « répondu » à quelques-uns de mes SMS…

TABLE DES MATIÈRES

Composition et mise en pages
Nord Compo à Villeneuve-d'Ascq

Achevé d'imprimer en octobre 2021 par Corlet - 14110 Condé-en-Normandie
Dépôt légal : octobre 2021 - N° d'imprimeur : 21100147 - Imprimé en France